Das Ehescheidungsrecht kraft landesherrlicher Machtvollkommenheit.

Eine rechtliche Erörterung

von

Professor Dr. H. Wasserschleben,
Geh. Justizrath und Kanzler der Landesuniversität.

Gießen,
J. Ricker'sche Buchhandlung.
1877.

Das Ehescheidungsrecht kraft landesherrlicher Machtvollkommenheit.

Eine rechtliche Erörterung

von

Professor Dr. H. Wasserschleben,
Geh. Justizrath und Kanzler der Landesuniversität.

Gießen,
J. Ricker'sche Buchhandlung.
1877.

Vor einiger Zeit hatte ich Veranlassung, mich in einem Gutachten über die Frage auszusprechen, ob das Ehescheidungsrecht aus landesherrlicher Machtvollkommenheit sich auch auf solche Ehen erstrecke, welche nach Maßgabe des Reichsgesetzes über die Beurkundung des Personenstandes und die Eheschließung vom 6. Februar 1875 von dem Standesbeamten geschlossen sind. Die Wichtigkeit des bisher in der Literatur sehr stiefmütterlich behandelten Gegenstandes bewog mich, über die Entstehung dieses sogenannten landesherrlichen Ehescheidungsrechts, sowie über die weitere Ausbildung desselben eingehendere Nachforschungen und Untersuchungen anzustellen. Indem ich die Ergebnisse derselben hiermit der Oeffentlichkeit übergebe, kann ich nicht unterlassen, den hohen Ministerien und Konsistorialvorständen der verschiedenen deutschen Staaten, an welche ich mich gewandt habe, für die außerordentlich wohlwollende Förderung und Unterstützung meiner Arbeit meinen verbindlichsten Dank abzustatten.

Gießen, im Juli 1877.

Wasserschleben.

Bis in die neuere Zeit hat das sogenannte Ehescheidungsrecht Kraft landesherrlicher Machtvollkommenheit in einer Reihe deutscher Staaten, in Preußen, Hannover, Kurhessen, Hessen-Darmstadt, Mecklenburg, Braunschweig, Schleswig-Holstein, S. Weimar, S. Coburg-Gotha, S. Altenburg, S. Meiningen, Schwarzburg-Sondershausen, Reuß ältere und jüngere Linie und Anhalt-Dessau, bestanden, ja in mehreren derselben ist dasselbe auch jetzt noch in voller Wirksamkeit.

Die geschichtliche Untersuchung ergiebt, daß das Institut in der großen Mehrzahl der genannten Staaten unzweifelhaft hervorgegangen ist aus der Stellung, welche die deutschen Landesherren auf Grund ihrer sogenannten oberbischöflichen Gewalt an der Spitze der evangelischen Kirche, nach dem Vorgange Kursachsens, besonders seit der Mitte des 16. Jahrhunderts eingenommen haben. Die Konsistorien waren Organe des landesherrlichen Kirchenregiments, fungirten auf Grund landesherrlicher Instruktionen und übten die ihnen hiernach übertragenen Rechte der kirchlichen Verwaltung und Gerichtsbarkeit aus. Schon sehr früh finden wir ausdrücklich hervorgehoben, daß das jus episcopale der Fürsten kein absolutes, sondern ein rechtlich geordnetes sei, daß namentlich die Ausübung der Ehegerichtsbarkeit ausschließlich den Konsistorien gebühre, als den dazu verordneten geistlichen Gerichten, nicht den Fürsten und weltlichen Obrigkeiten.*) Wenn

*) Reinkingk, De regimine saec. et eccl. Francof. a. M. 1663. III. 1 c. 6. (p. 1101) c. 10. nr. 6. 7. pag. 1144. 1145. Gerhard, Loci theol. XXIV. §. 112; Bedenken der Helmstädter Theolog. bei Dedekenni Consil. (Jen. 1671) Vol. I, p. 674. Richter, Gesch. d. evang. Kirchenverfass. i. Deutschl. Leipzig 1851. S. 195 u. ff.

schon derartige Aeußerungen darauf hinweisen, daß im Anfange des 17. Jahrhunderts einzelne Landesherren geneigt waren, gestützt auf ihr oberbischöfliches Recht in Fragen nicht allein der kirchlichen Verwaltung, sondern auch der geistlichen Gerichtsbarkeit ein unmittelbares Entscheidungsrecht, so namentlich in höherer Instanz, geltend zu machen, so fanden diese Bestrebungen ganz besonders noch Unterstützung und Nahrung durch die seit dem Ende des 17. Jahrhunderts vorzugsweise auf naturrechtlicher Grundlage ausgebildete territorialistische Richtung, welche, unter steter Vermengung weltlicher und geistlicher Gewalt, der Obrigkeit aus äußerlichen und Zweckmäßigkeits-Rücksichten das Recht einer weit gehenden Einwirkung auf das kirchliche Gebiet zuerkannte. Dazu kam, daß da, wo die Kirchenordnungen und Ehegesetze der strengeren Richtung folgten, wonach eine Ehescheidung nur im Falle des Ehebruchs und der Desertion zulässig war, einige Landesherren sich für berufen und berechtigt hielten, jenem strengen für die Konsistorialpraxis maßgebenden Rechte gegenüber Kraft ihrer oberbischöflichen Gewalt die Billigkeit zur Geltung zu bringen, in welcher Auffassung sie sogar von den Konsistorien selbst bestärkt wurden, wie z. B. der große Kurfürst von Brandenburg.

Das Konsistorium von Küstrin sagt in einem Bericht vom 3. November 1683, es habe im vorliegenden Falle nicht das Recht gehabt, a vinculo zu separiren, es halte aber dafür, „daß Ew. Churfürstl. Durchl. alß summus Episcopus ex plenitudine potestatis auch gar wohl das vinculum auflösen und sie ganz von einander loßsprechen können." *) In Folge dieser Auffassung haben die Kurfürsten von Brandenburg mehrfach theils den Konsistorien die Ehescheidung anbefohlen, theils selbst und unmittelbar dieselbe dekretirt; noch in den ersten Jahren der Regierung Friedrichs des Großen sind Scheidungen durch landes-

*) Richter, Beiträge zur Gesch. d. Ehescheidungsrechts i. der evang. Kirche, Berlin 1858. S. 84. 85.

herrliches Rescript erfolgt.*) Seit Publikation des Preußischen Allg. Landrechts sind im Geltungsgebiete desselben derartige Kabinets-Scheidungen nicht mehr vorgekommen, wohl deshalb, weil die Zulässigkeit der gerichtlichen Scheidung in diesem Gesetzbuche in einem Umfange erweitert worden war, welcher ein Bedürfniß von Scheidungen Kraft landesherrlicher Machtvollkommenheit gar nicht hervortreten ließ. In Neuvorpommern dagegen haben solche Scheidungen bis zum Jahre 1825 Statt gefunden.**)

Auf eine vom Herzogl. Braunschweig'schen Staatsministerium im Jahre 1862 an das Königl. Preuß. Ministerium der auswärtigen Angelegenheiten gerichtete Anfrage:

„ob, sofern die sonst erforderlichen Voraussetzungen vorlägen, der König von Preußen nicht geneigt sei, auf ein demselben von den M.'schen Eheleuten zu überreichendes Gesuch die Scheidung der zwischen den Supplicanten bestehenden Ehe aus landesherrlicher Machtvollkommenheit auszusprechen? oder ob die Anerkennung einer event. von dem Herzoge von Braunschweig zu verfügenden Scheidung bei der Königl. Preuß. Regierung auf Bedenken stoßen würde?"

erwiederte das Preuß. Ministerium unter dem 7. Aug. 1862 Folgendes:

„In Preußen könne eine Ehe niemals durch landesherrlichen Ausspruch, sondern ausschließlich nur durch richterliches Erkenntniß getrennt werden. Es würde daher unthunlich sein, auf ein von den M.'schen Eheleuten einzureichendes Gesuch die Scheidung ihrer Ehe aus landesherrlicher Machtvollkommenheit auszusprechen. Dieselben Gründe würden aber auch in Preußen der Anerkennung einer etwa durch den Herzog von Braunschweig erfolgten Ehescheidung entgegenstehen. Die eventuelle Trennung der Ehe der M.'schen Eheleute durch Ausspruch Sr. Hoheit werde als ein Gnadenact bezeichnet. Da die genannten Eheleute preußische Unterthanen seien, so würde ein ihnen erwiesener Gnadenact nur dann in Preußen von rechtlicher Wirkung sein, wenn er die ausdrückliche Anerkennung des Königs

*) Richter a. a. O. S. 87. 88. Friedberg, Beiträge zur Gesch. d. Brandenburg-Preuß. Eherechts i. d. Zeitschr. f. Kirchenrecht, Bd. 7. S. 63 u. ff.

**) Richter a. a. O. S. 87. 88.

erlangt hätte. Eine solche Anerkennung würde aber nicht ausgesprochen werden können, weil sie mit den Landesgesetzen unvereinbar wäre. Im Einverständnisse mit dem Herrn Justizminister würde der Minister deshalb sich außer Stande finden, eine derartige Anerkennung Allerhöchsten Orts in Antrag zu bringen."*)

In ganz ähnlicher Weise bestand dieß Institut in Kurhessen. Pfeiffer sagt in seiner Bearbeitung des Kurhessischen Kirchenrechts v. Ledderhose (Marburg 1821) §. 268: „Fehlt es an Ursachen, welche nach den im vorigen §. angeführten Grundsätzen hinlänglich sind, um die Ehescheidung rechtlich zu begründen, so steht es nicht in der Macht des Konsistoriums, das Band der Ehe zu trennen, sondern es bedarf hierzu der Dispensation des Landesherrn. Sie pflegt bei vorhandenen erheblichen Umständen, besonders wenn die Ehe kinderlos ist und beide Ehegatten vereinigt nachsuchen, ohne Schwierigkeit und zwar unentgeltlich ertheilt zu werden." In einer Anmerkung werden Beispiele aus den Jahren 1797, 1802 und 1814 angeführt, sowie ein Fall aus dem Jahre 1799, wo sogar die Ehe eines Juden aus landesherrlicher Machtvollkommenheit und oberbischöflicher Gewalt getrennt worden ist. Einen weiteren ganz ähnlichen Fall erwähnt Büff in seinem Kurhess. Kirchenrecht (Cassel 1861) S. 689 Anm. 5, aus dem Jahre 1834. Das Kurhessische Organisationsedikt vom 29. Juni 1821 §. 22 erkennt dieß Recht des Landesherrn ausdrücklich an. (Vergl. auch Strippelmann, das Ehescheidungsrecht nach gemeinem und insbes. nach hessischem Rechte. Cassel 1854. S. 126. 127. 325.)

In Hannover erging im Jahre 1753 in einer Ehescheidungssache an das Hannöversche Konsistorium ein Königl. Rescript, wonach, „wiewohl man zwar überhaupt nicht geneigt sei, ohne ganz außerordentliche und wichtige Ursachen an dem ordent-

*) Braunschweigische Präjudizien Th. 1. Das protest. Ehescheidungsrecht u. Verwandtes, herausgegeb. v. Dr. A. Dedekind (Braunschweig 1872) S. 269.

lichen und gewöhnlichen Laufe einer Rechtssache durch landesherrliche Machtsprüche etwas zu verändern oder abzuschneiden", das Konsistorium von der Schuldigkeit, weiteren Beweis zu verlangen, beide Theile von der Pflicht, solchen zu führen, resp. über sich ergehen zu lassen, „aus landesherrlicher Macht und Gewalt" dispensirt wurden, und dem Konsistorium aufgegeben wurde, ohne weitere Umstände zur Abfassung eines Ehescheidungsurtheils zu schreiten, da ein ausreichender Scheidungsgrund vorliege. Direkt durch den Landesherrn ausgesprochene Scheidungen scheinen in Hannover vor dem Jahre 1809 nicht vorgekommen zu sein*), dagegen sind seit 1816 bis 1834 deren 10, von da bis in die 50er Jahre 3 erfolgt, wogegen in diesem letzteren Zeitraum etwa 24 Gesuche abgeschlagen worden sind. In den meisten Fällen ist das Scheidungsdekret mit der Formel „vermöge Unserer landesherrlichen und oberbischöflichen Rechte", oder „Kraft landesherrlicher und oberbischöflicher Macht" versehen.**)

Im Jahre 1862 richtete das Herzogl. Braunschweig'sche Staatsministerium an das Hannover'sche Ministerium des Auswärtigen die Anfrage:

> „ob dasselbe in den vorliegenden Umständen zureichenden Grund finde, das Gesuch der G.'schen Eheleute um Scheidung aus landesherrlicher Machtvollkommenheit bei dem Könige von Hannover zu befürworten? — oder ob bei der, namentlich wegen der Domizilverhältnisse der Supplikanten besonderen Beschaffenheit des Falles ein hier von dem Herzoge zu übender Gnadenakt der in Rede stehenden Art und dessen rechtliche Anerkennung jenseits Bedenken finden würde?"

Der Hannover'sche Minister antwortete hierauf:

> „Nach den strengeren Grundsätzen, welche hier seit länger als einem Jahrzehnt in Betreff der Gewäh-

---

*) Schlegel, Ueber Ehescheidungen, besonders durch landesherrl. Dispensation. Hannover 1809. S. 78. Anmerk. 1.

**) Vergl. Magazin für Hannöv. Recht. Bd. 2, S. 168 u. ff.

rung landesherrlicher Ehescheidungen befolgt werden, kann Sr. Majestät dem Könige nicht empfohlen werden, in dem vorliegenden Falle eine landesherrliche Ehescheidung zu verfügen . . . Anlangend sodann die Anerkennung einer Herzogl. Braunschweiger Seits auszusprechenden landesherrlichen Ehescheidung im hiesigen Königreiche, so hängt die Zuständigkeit dazu nach Ansicht der Königlichen Regierung davon ab, daß der Ehemann, das Haupt der Ehe, sein juristisches Domizil im Herzogthum Braunschweig hat. . . . Sollte daher der Oekonom G. sein juristisches Domizil jetzt wirklich im Herzogthum Braunschweig haben, so würde die Königliche Regierung eine Braunschweiger Seits ergehende landesherrliche Scheidung als eine von formell zuständiger Seite verfügte ansehen. Sie würde jedoch selbst in diesem Falle einestheils nicht verbürgen können, daß die Königlich Hannover'schen Ehegerichte, falls dieselben in die Lage kommen sollten, die Frage ihrer richterlichen Kognition zu unterziehen, dieselbe in gleicher Weise beurtheilen würden, anderntheils nicht sich von vorn herein verbindlich machen können, diejenigen Bedenken als unbegründet zu verwerfen, welche etwa von den Geistlichen und Kirchenbehörden der materiellen Zulässigkeit der verfügten Scheidung und der danach zu bemessenden Zulässigkeit einer Wiederverheirathung der so Geschiedenen entgegengestellt werden möchten." *)

Im Großherzogthum Hessen sind landesherrliche Scheidungen bis jetzt üblich gewesen und zwar stets auf Grund der oberbischöflichen Gewalt. In der Regel heißt es in den betreffenden Dekreten**): „Wir genehmigen u. s. w. vermöge der Uns zustehenden Gewalt in kirchlichen Angelegenheiten Unserer Unterthanen evangelischer Kon-

*) Dedekind a. a. O. S. 266. 267.

**) Vergl. Seuffert, Archiv für Entscheidungen der obersten Gerichte i. d. deutschen Staaten, Bd. 11. S. 136 Anm. 1. Ebendas. S. 319 ist eine Entschließung des Ob.-A.-Gerichts zu Darmstadt abgedruckt, in welcher es u. A. heißt: „Eine landesherrliche Ehescheidung aus höchster Machtvollkommenheit erscheint unstreitig als eine Regierungshandlung, welche unbeschränkt zu den Attributen der Krone und insbesondere zu den Rechten des evangelischen Landesherrn als summus episcopus gehört."

fession u. s. w." Es sind derartige Kabinets-Scheidungen nur unter besonders dringenden Umständen und nur dann erfolgt, wenn beide Ehegatten darum nachsuchten und ebenso in der Regel nur, wenn die Ehe kinderlos war. Daß diese Scheidungen als etwas ganz Exceptionelles angesehen wurden, erhellt aus einem Rescript des Großherzoglichen Ministeriums des Innern und der Justiz vom 2. April 1819, worin es heißt, „daß kein Grund vorhanden sei, die Ehescheidungssache der Petenten der richterlichen Entscheidung zu entziehen und solche Sr. Königlichen Hoheit dem Großherzoge zur Entschließung vorzulegen, zu welcher Allerhöchstdieselben nur in höchst seltenen Ausnahmsfällen Sich bewogen fänden."*) In den Motiven der Großherzoglichen Regierung zum Entwurfe des bürgerlichen Gesetzbuchs für das Großherzogthum Hessen (Verhandl. der zweiten Kammer 1844/46, Beilagen, Bd. 4. S. 259) ist gesagt: „Das Recht des Großherzogs, als oberster Bischof der evangelischen Kirche die Ehen der Protestanten zu scheiden, ist im Entwurfe mit Stillschweigen übergangen, weil dieser sich nur mit solchen Bestimmungen beschäftigt, die auf alle Unterthanen gleichmäßige Anwendung finden können. Dieses keiner Contestation zu unterwerfende Recht wird der Großherzog seinem ganzen Umfange und seiner ganzen Wirksamkeit nach auch ferner ausüben. Die Wirkung einer solchen Scheidung ist ihrem Begriffe nach die Lösung des Bandes, und es ergiebt sich auf dem Wege der Interpretation und Analogie von selbst, welche Sätze des bürgerlichen Rechts auf ein solches Verhältniß Anwendung finden, z. B. daß die Alimentationspflicht aufhört u. s. w."**)

---

*) Köhler, Handbuch der kirchl. Gesetzgebung des Großherzogth. Hessen-Darmstadt 1848. Bd. 2. S. 743. 754.

**) Trotz wiederholter Nachforschungen ist es mir nicht gelungen, über die ältere Geschichte des landesherrl. Ehescheidungsrechts im Großherzogthum Hessen etwas Weiteres aufzufinden. Die älteren Konsistorialakten scheinen nicht mehr vorhanden zu sein.

Anlangend die Großherzoglich und Herzoglich Sachsen-Ernestinischen Lande, so ist zwar der aktenmäßige Beweis, daß auch hier das fragliche Institut aus dem Summepiskopat hervorgegangen sei, nicht zu führen, allein theils der allgemeine geschichtliche Zusammenhang, theils einzelne Andeutungen lassen es als unzweifelhaft erscheinen, daß die Genesis auch in diesen Ländern dieselbe gewesen sei, als in den bisher genannten.

Das landesherrliche Ehescheidungsrecht hat übrigens in der provisorischen Ordnung des für die Großherzoglich und Herzoglich Sachsen-Ernestinischen und Fürstlich Reußischen Lande gemeinschaftlichen Oberappellationsgerichts zu Jena vom Jahre 1816 im §. 20 sub 4 einen gesetzlichen Ausdruck erhalten, indem hier unter den Gegenständen, worin die Berufung an das Oberappellationsgericht ausgeschlossen ist, aufgeführt werden: „Ehe- und Sponsaliensachen, so lange nicht über gänzliche Trennung der Ehe zu erkennen war, vorbehaltlich der landesherrlichen Machtvollkommenheit aus Gnaden zu scheiden."

Die in dem Großherzoglich S. Weimar'schen Staatsarchiv vorhandenen Akten ergeben*), daß dort wenigstens seit dem Anfange des vorigen Jahrhunderts bis in die neueste Zeit Ehescheidungen aus landesherrlicher Gnade bewilligt worden sind. Obgleich Normativ-Bestimmungen darüber nicht existiren, so ist doch ersichtlich, daß derartige Scheidungen nur erfolgten, wenn beide Theile dieselbe beantragten und sich für den Fall der Gewährung in vermögensrechtlicher Beziehung und wegen der Kindererziehung geeinigt hatten. Solche „Gnadenscheidungen" sind regelmäßig dann nicht gewährt worden, wenn ein hinreichender Grund zur gerichtlichen Scheidung vorlag, es müßte denn sein, daß von der formalen prozessualischen Ausführung besondere Unzuträglichkeiten zu befürchten waren. Der regelmäßige Fall der Gnadenscheidung ist noch jetzt der, daß zwar ein im protestantischen Kirchenrecht anerkannter Ehescheidungsgrund nicht

---

*) Nach Mittheilungen Seitens des Großh. Ministeriums i. Weimar.

vorhanden ist, wohl aber solche Umstände vorliegen, wonach durch Verschuldung eines oder beider Ehegatten die Ehe völlig zerstört erscheint, oder gar aus der Fortsetzung der Ehe für beide Theile oder auch nur für einen Verderben droht. Die Scheidung wird vom Großherzog nach vorgängiger Begutachtung durch die oberste Kirchenbehörde, den Kirchenrath, ausgesprochen; die Geschiedenen haben übrigens eine nach freiem Ermessen bestimmte Dispensationsabgabe zu entrichten.

Die in dem Haus- und Staatsarchiv zu Coburg*) befindlichen Akten, welche auf den vorliegenden Gegenstand Bezug haben, reichen nur bis in das letzte Drittel des vorigen Jahrhunderts zurück und gehen nicht über das Jahr 1800 hinaus, aus ihnen ergiebt sich aber, daß das Recht der Ehescheidung aus landesherrlicher Machtvollkommenheit in einer verhältnißmäßig bedeutenden Anzahl von Fällen zur Anwendung gekommen ist. Ob jenes Recht schon früher ausgeübt worden sei, ist wenigstens aus dem vorliegenden Material nicht nachweisbar, die Kirchenordnung des Herzogs Johann Casimir vom Jahre 1626 erwähnt dasselbe nicht. Fast scheint es, als ob man eine solche Befugniß des protestantischen Landesherrn als eine selbstverständliche angesehen habe. In einem im Jahre 1789 von dem Coburger Konsistorium an den Herzog Ernst Friedrich von Coburg-Saalfeld über ein Ehescheidungsgesuch erstatteten Berichte heißt es u. A.: „Dieses ist aber ein Fall, dessen Entscheidung bei Ermangelung positiver Gesetze lediglich von dem höchsten Ermessen eines protestantischen Landesherrn abhängt, als welcher eine dergleichen unglückliche Ehe zur Vermeidung eines noch größeren Unglücks gar wohl aufzuheben vermag." Aus dem vorliegenden Aktenmaterial ergiebt sich, daß der Herzog in der Regel vor seiner Verfügung über derartige Ehescheidungsgesuche erst das Konsisto-

*) Ich benutze für das Folgende über Coburg und Gotha zwei durch das Herzogl. Ministerium veranlaßte Berichte der betreffenden Archiv-Vorstände und direkte Mittheilungen Seitens des Ministeriums.

rium mit gutachtlichem Bericht hörte, und nur ausnahmsweise ohne vorgängigen Bericht und sogar auf einseitiges Nachsuchen eines Ehegatten Ehescheidungen verfügte. Uebrigens wurden diese in der Regel nicht direkt und unmittelbar vom Herzoge vollzogen, sondern auf Befehl desselben durch Bescheid des Konsistoriums.*) Die Akten ergeben ferner, daß das Konsistorium in seinen Berichten die Ehescheidungen Kraft landesherrlicher Machtvollkommenheit nicht zur Regel gemacht, sondern auf Fälle beschränkt wissen wollte, in welchen, beim Nichtvorhandensein rechtlicher Scheidungsgründe, Rücksichten auf das geistige und leibliche Wohl der uneinigen, Wiederaussöhnung hartnäckig verweigernden Ehegatten und ihrer Kinder für Scheidung durch den Landesherrn sprachen, oder in welchen beim Vorhandensein rechtlicher Scheidungsgründe die wünschenswerthe Vermeidung kostspieliger, zum öffentlichen Aergerniß gereichender prozessualischen Weiterungen und sonstige erhebliche Billigkeitsrücksichten Motive abgaben, der Scheidung durch den Landesherrn den Vorzug vor der gerichtlichen Trennung zu geben; auch pflegte das Konsistorium derartige Ehescheidungsgesuche nur dann zu befürworten, wenn beide Ehegatten die Auflösung verlangten. Der Herzog hat dagegen nicht selten Gesuche genehmigt, deren Bewilligung das Konsistorium widerrathen hatte, auch mitunter Ehescheidungen verfügt ohne vorgängigen Konsistorialbericht, endlich in nicht wenigen Fällen schon auf Antrag nur eines Ehegatten. Interessant ist ein mit der Signatur von drei Mitgliedern des damaligen Geheimeraths-Kollegiums versehenes Votum vom 9. October 1798, in welchem es u. A. heißt:

---

*) Die Form dieser Rescripte war z. B. „So begehren Wir hiermit gnädigst, Ihr wollet die unglückliche Ehe der . . . Eheleute durch einen Bescheid auflösen und trennen", oder „Nachdem Wir nun vorliegenden triftigen Ursachen nach dem petito nur genannter H. zu deferiren und solchergestalt die Ehescheidung brevi manu zu ertheilen resolviret haben, als begehren Wir gnädigst, Ihr wollet das Weitere hiernach besorgen . . ."

„Es sind überhaupt seit kurzer Zeit so viele Ehescheidungsgesuche vorgekommen, daß es durchaus nothwendig werden dürfte, ohne erwiesene gesetzmäßige oder ganz besonders höchstwichtige Ursachen keinem Ehescheidungsgesuche mehr zu deferiren oder die vorkommenden Fälle lediglich dem förmlichen Rechtsgange zu überlassen." In der neueren Zeit und seitdem die Ehegerichtsbarkeit auf die bürgerlichen Gerichte übergegangen ist, sind übrigens Ehescheidungen Kraft landesherrlicher Machtvollkommenheit, selbst beim Vorhandensein schwer wiegender Scheidungsgründe, nicht verfügt worden, wenn nicht beide Ehegatten darum nachgesucht und sich in Betreff ihres Vermögens und der von ihnen erzeugten Kinder durch förmlichen Vertrag auseinandergesetzt hatten.

Auch das Herzogliche Haus- und Staatsarchiv zu Gotha gewährt über die Entstehung und die Wurzeln des landesherrlichen Scheidungsrechts keine Anhaltpunkte. Die verschiedenen Herzoglichen Ehemandate des 17. Jahrhunderts erwähnen dieses Recht nicht, auch nicht das Ehemandat des Herzogs Ernst II vom 12. September 1780; die im Archiv vorhandenen Akten, welche in Eheirrungssachen ergangen sind und die Ausübung des fraglichen Ehescheidungsrechts bekunden, erstrecken sich überhaupt nur auf den Zeitraum von 1783 bis 1800. Hiernach ist der Machtspruch auf gänzliche Ehetrennung in der Regel nur dann erfolgt, wenn entweder eine im Ehemandate begründete Ehescheidungsursache oder das Vorhandensein von Umständen nachgewiesen worden war, welche die Annahme rechtfertigen konnten, daß eine Wiederaussöhnung der Ehegatten in keinem Falle eintreten werde. Das Ehegesetz für das Herzogthum Gotha vom 15. August 1834 spricht sich näher über die Ausübung des fraglichen Rechts aus. §. 70 lautet zwar ganz allgemein dahin: „Die gültigen Ehen können nicht anders, als durch den Tod eines Ehegatten oder durch richterlichen Ausspruch des Justiz-Collegiums aus den im Folgenden bestimmten Ursachen getrennt werden", allein in §§. 105, 134, 138 und 139 sind die Fälle angegeben, in denen eine Ehescheidung aus landesherrlicher Macht erfolgen könne :

§. 105. Eine während der Ehe entstandene Unfähigkeit zum Beischlaf des einen Ehegatten, die er vorsätzlich nicht veranlaßt hat, kann dem andern Ehegatten kein Recht zur Ehescheidung geben. Indessen behalten wir uns vor, in dem Falle, wenn beide Ehegatten um Trennung der Ehe nachsuchen und die entstandene Unfähigkeit des einen Ehegatten glaubhaft nachgewiesen wird, solche Ehe aus landesherrlicher Macht zu trennen.

§. 134. Der Uebertritt hingegen von einem christlichen Glaubensbekenntnisse zu einer andern christlichen Confession giebt zwar an sich keinen Grund zur Ehescheidung ab. Wir werden uns indessen nach Befinden der Umstände auf Nachsuchen desjenigen Ehegatten, der bei seinem Glaubensbekenntnisse geblieben, und zu welchem nicht etwa der andere Ehegatte erst übergetreten ist, bewogen sehen, die Ehe aus landesherrlicher Machtvollkommenheit zu trennen. In diesem Falle soll aber kein Theil als der schuldige betrachtet werden. Das Justiz-Collegium hat für den Fall, daß die Trennung der Ehe von Uns ausgesprochen werden sollte, das Erforderliche wegen der Vermögensverhältnisse der Ehegatten, Erziehung und Verpflegung der Kinder u. s. w. vor der Berichterstattung zu reguliren und sich zu bemühen, eine Uebereinkunft der beiden Eheleute zu Stande zu bringen. Gelingt dieses nicht, so ist nach erfolgter Trennung der Ehe über diese Punkte nach Befinden ein förmliches Erkenntniß zu ertheilen u. s. w.

§. 138. Aus anderen Ursachen, als denjenigen, welche in den vorhergehenden §§. als Ehescheidungsgründe aufgeführt worden sind, und namentlich wegen blos behaupteter, durch keine gesetzmäßigen Gründe unterstützter Abneigung findet eine Klage auf Trennung nicht Statt. Sollte indessen der eine Ehegatte oder selbst beide bei Uns selbst um Trennung der Ehe nachsuchen und würde sich bei einer dieserhalb von Unserem Justiz-Collegium anzustellenden genauen Untersuchung der einen solchen Antrag veranlassenden Umstände und nach fruchtlosen Güteversuchen und selbst Anwendung geeigneter Zwangsmittel ergeben, daß der Widerwille des einen

Ehegatten gegen den andern so heftig und tief eingewurzelt sei, daß zu einer Aussöhnung und zur Erreichung der Zwecke des Ehestandes gar keine Hoffnung mehr übrig bleibe, oder daß überhaupt die Fortsetzung der Ehe für den einen oder selbst für beide Ehegatten offenbar die größten Nachtheile bringen werde, so behalten Wir Uns vor, nach reiflicher Erwägung aller dabei in Frage kommenden Rücksichten eine solche Ehe aus landesherrlicher Machtvollkommenheit zu trennen. Was hiernächst die bei einer solchen Ehetrennung eintretenden Verhältnisse in Bezug auf die Auseinandersetzung des Vermögens der beiden Ehegatten anlangt, so ist, wenn beide Theile um Trennung der Ehe nachgesucht haben, kein Theil als der schuldige anzusehen, außerdem aber ist derjenige Ehegatte, welcher solchergestalt ohne eigentlichen gesetzlichen Grund wider den Willen des andern auf der Scheidung beharret, als der schuldige Theil zu betrachten. Nach diesen Grundsätzen ist für den Fall, daß die Trennung der Ehe von Uns ausgesprochen werden würde, vor der Berichterstattung an Uns das Erforderliche wegen der Vermögensverhältnisse der Ehegatten, Erziehung und Verpflegung der Kinder u. s. w. von dem Justiz-Collegium zu reguliren. Gelingt es nicht, eine gütliche Uebereinkunft deshalb zu Stande zu bringen, so ist nach Befinden ein förmliches Erkenntniß zu ertheilen u. s. w.

§. 139. Da hiernächst überhaupt nicht geduldet werden kann, daß zwei Eheleute, wenn es auch mit beiderseitiger Zustimmung geschieht, ohne triftige Gründe an einem und demselben Wohnorte abgesondert von einander leben, oder daß sie, wenn sie auch nicht gerade getrennt leben, durch ihr unfriedliches Betragen ein öffentliches Aergerniß geben, so hat das Justiz-Collegium, wenn die Vermahnungen des betreffenden Geistlichen und die Zurechtweisungen des geistlichen Unterrichts fruchtlos geblieben sind, auf die von dem letzeren an dasselbe zu machende Anzeige zuvörderst sich zu bemühen, die Eheleute in Güte zu bewegen, sich zu einem friedlichen ehelichen Leben wieder zu vereinigen, und nach Befinden, wenn sie die ihnen zur Anstellung einer förmlichen Ehescheidungsklage zu setzende sechswöchentliche Frist unbenutzt verstreichen lassen, durch Zwangsmittel sie dazu anzuhalten. Sind aber auch diese ohne Erfolg, so bleibt es dem Justiz-Collegium überlassen, eine Trennung von Tisch und

Bett auf ein Jahr, welches nach Befinden der Umstände auch verlängert werden kann, förmlich auszusprechen und alsdann, nach nochmaligem fruchtlosen Versuche zur Wiedervereinigung, auf Trennung der Ehe bei dem Landesregenten anzutragen. In einem solchen Falle ist anzunehmen, daß beide Theile die Veranlassung zur Trennung der Ehe gegeben haben und treten dann hinsichtlich der Auseinandersetzung des Vermögens, Verpflegung der Kinder u. s. w. alle diejenigen Bestimmungen ein, die Platz greifen, wenn bei einer Ehescheidung beide Theile als in gleichem Grade schuldig anzusehen sind. Das Justiz-Collegium hat sodann nach erfolgter Ehetrennung das Erforderliche in dieser Beziehung zu reguliren u. s. w.

Uebrigens gilt im Herzogthum schon seit Jahrzehnten als ausnahmslose Norm, daß eine Ehetrennung aus landesherrlicher Machtvollkommenheit nur unter der Voraussetzung des Einverständnisses beider Ehegatten zugelassen wird, und daß diese Form der Scheidung in der Regel nur Platz greift, wenn gesetzliche Ehescheidungsgründe vorliegen, deren Erörterung aber im Prozeßverfahren ein öffentliches Aergerniß erregen oder für die Betheiligten mit ungewöhnlichen Nachtheilen verbunden sein würde.

Ueber die Entstehung und ältere Geschichte des landesherrlichen Ehescheidungsrechts in S. Altenburg*) habe ich nichts in Erfahrung bringen können. Die erste Erwähnung finde ich in einem Berichte des Herzoglichen Konsistoriums zu Altenburg vom 5. November 1811, welches sich u. A. in folgender Weise äußert:

„Bey der leider eingerissenen nicht nur freyen, sondern leichten Denkungsart über so Vieles, was Bezug auf Ehe und Geschlechtsverbindung hat und über dieses ehrwürdige Institut selbst, können die vorhandenen Gesetze den Strom der Leidenschaften und des

---

*) Ich verdanke diese Materialien der geneigten Mittheilung Seitens des Herzogl. Sächs. Ministeriums.

Leichtsinns, der seinen Damm durchbrochen hat, nicht mehr aufhalten, und der Richter kann in deren Anwendung nicht allemal bey der ehemaligen Strenge bleiben, ohne noch gefährlichere Ausbrüche zu veranlassen; er kann aber auch von ihnen nicht abweichen, als insofern etwa eine mildere, vielmehr nachgiebige Erklärung ihn dazu einigermaßen berechtiget. In dieser Lage, welche die unseres Zeitalters ist, finden wir es gerathener, daß in einzelnen Fällen die oberste Macht im Staate Ausnahmen vom Gesetz bewillige, als daß sie durch allgemeine Gesetze laxere Grundsätze einführe, die dann durch Deutung und Deuteley bald wieder ausdehnende Erklärer finden und so dem Leichtsinn und der Ausschweifung nur noch mehr Spielraum geben würden. Wir sind aber auch des ehrerbietigsten Dafürhaltens, daß es in diesem Wege den Eheleuten, welche getrennt zu werden wünschen — ohne beiderseitige Einwilligung ist er ohnehin nicht einzuschlagen — nicht allzu leicht werden dürfte, die Scheidung zu erlangen. Der große Haufe übersieht es fast gantz, daß dergl. Scheidungen nur als das kleinere aus zwey Uebeln bewilligt werde, und glaubt, die oberste Macht im Staate halte selbst die Ehe nicht für wichtig. Diesem auszuweichen, scheint es uns rathsam, vornehmlich, wo nicht schon langwierige prozessualische Verhandlungen über die Scheidung vorausgegangen sind und den Parteyen es sichtbar gemacht haben, daß ihr Gesuch gesetzwidrig sey, dergl. Gesuche nicht anders zu bewilligen, als so, daß eine die Parteyen treffende Unannehmlichkeit damit verbunden werde und ihnen zu erkennen gebe, ihr Vorhaben werde höchsten Orts nicht gebilligt, sondern nur ungern gestattet. . . ."

Hierauf erging ein Rescript des Herzogs August vom 22. Juli 1814.

„Auf Euren Inserat-Bericht vom 5. November 1811 ist Uns vorgetragen worden, was Ihr wegen künftiger Verhütung des Ueberhandnehmens der Ehescheidungen in unvorgreiflichen Antrag gebracht habt.

Wir billigen sehr die von Euch über diesen wichtigen Gegenstand im Allgemeinen aufgestellten Grundsätze und nehmen keinen Anstand, zu genehmigen, daß künftig in Fällen, wo die Ehescheidung aus landesherrlicher Macht gesucht wird, in den darüber nicht abfällig erstatteten Berichten zugleich auf eine Geld- oder Gefängniß-strafe wegen des dem Scheidungsgesuche zum Grunde liegenden Leichtsinnes, in der bemerkten Maase, durch Euch angetragen werde, wollen auch Eure Vorschläge wegen Verwendung der auf solche Weise etwa eingehenden Strafgelder zu seiner Zeit erwarten."

In den Jahren 1812 bis 1814 dürften nur drei derartige Ehescheidungen vorgekommen sein, und außer diesen ist nach Ausweis des Archivs durch den Herzog in den Jahren 1843, 1848 und 1856 je eine Ehe geschieden worden. In einem Berichte des Altenburger Konsistoriums vom Jahre 1843 heißt es: „So ungern wir einer Ehetrennung, welche aus keinem gesetzlichen Grunde gerechtfertigt wird, das Wort reden, so scheinen uns doch in dem vorliegenden Falle Verhältnisse obzuwalten, bei welchen Ew. Hoheit sich vielleicht bewogen finden, eine Ausnahme von der Regel zu machen. . . . In einem solchen ungewöhnlichen Verhältnisse, zu dessen Erledigung uns das Gesetz nicht autorisirt, wegen Ermangelung eines Rechtsgrundes, scheint die Gnade des Landesherrn vermittelnd und wohlthuend sich äußern zu dürfen."

Hierauf erfolgte ein zustimmender Bescheid des Herzogs an das Konsistorium, in Folge dessen dieses die betreffende Ehe für aufgelöst erklärte.

Aus einem weiteren Berichte desselben Konsistoriums vom Jahre 1846 hebe ich Folgendes hervor:

„1. Zu den dringenden Fällen, auf welche Scheidungen aus landesherrlicher Macht beschränkt sind, kann man wohl nur solche unverschuldete Verhältnisse rechnen, in welchen aller Lebensgenuß, die Gesundheit oder das Fortkommen bey der Fortsetzung der Ehe verkümmert oder resp. gefährdet erscheint, die Auflösung der Ehe aber im Rechtswege wegen Ermangelung eines gesetzlichen Scheidungsgrundes nicht füglich zu erlangen ist. Hier liegt Ehebruch vor, welchen das Gesetz als hauptsächlichste Scheidungsursache anerkennt, und in Folge dessen daher, wenn er erwiesen wird, die Ehetrennung im Rechtswege auch sofort erfolgt. Da, wo das Gesetz selbst Hülfe dem Unschuldigen und Verletzten gewährt, dürfte aber Dispensation an sich nicht erforderlich seyn. 2. Soll ferner Scheidung aus landesherrlicher Macht mit Benachtheiligung der öffentlichen Moral nicht Statt haben, so dürfte im vorliegenden Falle, wo die Ehefrau selbst auf Publicität des ehebrecherischen Lebens des Ehemannes hindeutet, ohne Gefährdung des Ansehens der zum Schutze der öffentlichen Sittlichkeit gegebenen Gesetze eine Procedur sich nicht empfehlen, in welcher den des Ehebruchs Angeschuldigten die gesetzlichen Folgen seiner Handlungsweise nicht treffen und ihm überdieß eine Begünstigung, welche andere von gleicher Bescholtenheit nicht behaftete, dessen ungeachtet aber in ihren Eheirrungen auf den Rechtsweg verwiesenen Unterthanen nicht erfahren, zu Theil würde. 3. Setzt auch Scheidung aus landesherrlicher Macht nähere Sacherörterung voraus, so gehört diese im vorliegenden Falle, wo ein Ehebruch in Frage ist, zum Ressort des Kriminalrichters. Besorgt die Ehefrau daraus Scandal, so kann in dieser Besorgniß wohl niemals ein ausreichender Grund liegen, auf eine verbrecherische Handlungsweise die aus der Anwendung des Gesetzes hervorgehenden Folgen nicht eintreten zu lassen. Daß dadurch die Lage der Ehefrau verschlimmert, also ihr ein Uebel oder Verlust unverdienter Weise zugezogen werde, will uns nicht einleuchten; vielmehr dürfte, wenn die Ehetrennung im Rechtswege erfolgt und die Ehefrau als unschuldiger Theil erscheint, dem Ehemann die Geltung der sämmtlichen Kosten zuerkannt werden, wogegen im Falle der Scheidung aus landesherrlicher Macht, weil solche nur auf dießfallsiges Ansuchen beider Ehegatten eintreten kann, die Hälfte der Kosten die Ehefrau treffen würde. . . . Ebensowenig stehen im Rechtswege große prozessualische Weiterungen zu besorgen, da die Ehefrau, wenn sie durch einen Sachwalter den Ehebruch des Ehemannes bei dem weltlichen Richter zur Untersuchung angezeigt hat und in Folge dessen ein condemnatorisches Erkenntniß erfolgt ist, auf dieses ihr Ehescheidungsgesuch gründen kann. . . . Daher glauben wir, daß Ew. Hoheit unter den vorliegenden Umständen Sich wohl veranlaßt finden könnten, die verehelichte A. T. zur Betretung des geordneten Rechtsweges zu verweisen."

Hierauf ist das von beiden Theilen eingereichte Gesuch abgeschlagen worden.

In einem anderen Falle vom Jahre 1848 hat der Herzog

auf vorgängigen Bericht des Konsistoriums die Ehescheidung direkt und unmittelbar ausgesprochen. Endlich theile ich noch folgenden interessanten Konsistorialbericht vom Jahre 1856 mit :

„Die Gesetzgebung enthält über diejenigen Fälle, in denen die Gewährung eines Gesuchs um Ehetrennung aus landesherrlicher Machtvollkommenheit in Aussicht genommen werden dürfe, keine näheren Vorschriften. Nach der Praxis pflegt von dem desfallsigen landesherrlichen Rechte Gebrauch gemacht zu werden, theils um auszuhelfen, wo es an einem Scheidungsgrunde fehlt, aus welchem im Wege des gewöhnlichen Verfahrens die Trennung der Ehe herbeigeführt werden könnte, wenn hierzu gleichwohl vermeintlich genügende Gründe vorhanden sind, theils in solchen Fällen, wo ein gesetzlicher Scheidungsgrund vorhanden ist, zugleich aber Gründe vorliegen, welche es wünschenswerth und zulässig erscheinen lassen, die mit einer Verhandlung der Sache in der Form des gewöhnlichen Verfahrens für die betreffenden Personen verbundenen Nachtheile und öffentliches Aergerniß vermieden zu sehen. *Den ersten Grund halten wir für sehr bedenklich, zumal in allen denjenigen Ländern, wo schon die Gesetzgebung die Ehescheidungsgründe in einer Weise ausgedehnt hat, welche es schwer rechtfertigen läßt, ausnahmsweise auch noch andere Gründe als genügend zuzulassen.* Viel weniger bedenklich erscheinen uns Fälle der zweiten Art, vorausgesetzt, daß über das Vorhandensein eines triftigen Scheidungsgrundes materiell kein Zweifel ist. Dies dürfte vorliegend der Fall sein."

Auch in diesem Falle wurde die Ehe auf Grund eines genehmigenden Rescripts des Herzogs *durch Dekret des Konsistoriums für aufgelöst erklärt.* Uebrigens enthält der Schlußparagraph (288) der Eheordnung vom 13. Mai 1837 eine ausdrückliche Anerkennung des landesherrlichen Ehescheidungsrechts :

„Gegenwärtige Eheordnung erhält Gesetzeskraft von Zeit ihrer Publikation an. Gleichzeitig treten die ihr entgegenstehenden Gesetze und Gewohnheiten, ingleichen das Regulativ wegen Aufgebot und Trauungen vom 16. October 1830 (Gesetz-Sammlung 1830 S. 82) außer Wirksamkeit, unbeschadet des landesherrlichen Rechtes, auf gemeinschaftliches Ansuchen beider Ehegatten in dringenden Fällen ohne Benachtheiligung der öffentlichen Moral und nach näherer Sacherörterung die Scheidung aus landesherrlicher Macht (Dritte Beifugen=Sammlung S. 66) zu bewilligen."

Ueber die Entstehung und Ausbildung des vorliegenden Instituts im Herzogthum S. Meiningen*) geben die dortigen Archivalien und Akten keinen näheren Aufschluß. Als unerläßliche Voraussetzung für die Ausübung dieses Scheidungsrechts gilt jetzt der auf Scheidung gerichtete übereinstimmende Wille beider Ehegatten; es wird ferner als Regel festgehalten, daß Ehescheidungsgesuche, welche durch zugleich als gesetzliche Ehescheidungsgründe anerkannte Umstände (z. B. Ehebruch des andern Theils) motivirt werden, nur in ganz besonders erheblichen Ausnahmsfällen der landesherrlichen Gnade empfohlen werden, da mit der Bedeutung des Ehescheidungsaktes auch die Bedeutung der Subsidiarität des landesherrlichen Gnadenrechts hervortreten muß. Seitdem die Konsistorien die Ehegerichtsbarkeit verloren haben (1829), hat der Regel nach das Untergericht vor seiner gutachtlichen Berichterstattung an das Appellationsgericht zunächst einen Sühnetermin unter Zuziehung des Geistlichen am Gerichtssitze abzuhalten und das Appellationsgericht sodann weiteren Bericht an das Staatsministerium, Abtheilung der Justiz zu erstatten. Wie sehr hier das Ehescheidungsrecht des Landesherrn von seiner eigentlichen Wurzel, der oberbischöflichen Gewalt, gelöst und die Erinnerung an diesen Zusammenhang erloschen ist, geht namentlich auch daraus hervor, daß nicht allein gemischte Ehen auf dem Wege der landesherrlichen Gnade im Einklange mit einem Votum des Oberappellationsgerichts zu Jena, getrennt worden sind, sondern selbst Gesuche um Trennung von Ehen, bei denen beide Gatten Katholiken waren, sowie von Ehen jüdischer Ehe-

*) Ich verdanke diese Notizen der geneigten Mittheilung Seitens des Herzogl. Ministeriums.

gatten an den Herzog gerichtet und Gegenstand von Verhandlungen geworden sind. Als im Jahre 1874 zwei Ehegatten, beide der katholischen Religion angehörig, um Scheidung Kraft landesherrlicher Machtvollkommenheit nachsuchten, bemerkte das Herzogliche Appellationsgericht, daß die anderweitig zur Geltung gelangte Ansicht von der Zulässigkeit der Scheidung solcher Ehen durch den Landesherrn als eine vereinzelte und bedenkliche bezeichnet werden müsse, weil die Scheidung einer Ehe aus landesherrlicher Machtvollkommenheit lediglich auf die Eigenschaft des Landesherrn als höchsten Landesbischofs zurückzuführen sein werde. Das Gesuch wurde in Folge dessen abgewiesen und erst später gewährt, nachdem der Ehemann zum evangelischen Glauben übergetreten war.

Ein im Jahre 1866 eingereichtes Gesuch jüdischer Eheleute um Ehetrennung durch den Landesherrn wurde zwar vom Kreisgericht befürwortet, aber auf Grund der völlig korrekten Auffassung des Appellationsgerichts nur soweit berücksichtigt, als es sich um die staatliche Erlaubniß zu der vor dem Rabbinatskollegium zu vollziehenden Ehescheidung handle. Dieser Bescheid enthielt also kein Scheidungsdekret, sondern nur die Verfügung, daß der vorzunehmenden Trennung der Ehe ein staatliches Bedenken nicht entgegenstehe.

Auch über die Entstehung des landesherrlichen Ehescheidungsrechts im Fürstenthum Reuß älterer Linie*) fehlt es an verläßlichen Nachweisungen, die aktenmäßig zu constatirenden, bis zum Anfange dieses Jahrhunderts zurückreichenden Fälle ergeben, daß jenes Recht immer nur dann ausgeübt worden ist, wenn der Antrag von beiden Ehegatten ausging, und wenn außerdem Umstände vorlagen, wonach die Erreichung des Ehezwecks als mit größter Wahrscheinlichkeit ausgeschlossen, die Scheidung

*) Auf Grund von Mittheilungen Seitens der Fürstl. Reuß-Plauisch. Landesregierung.

durch richterliche Sentenz aber nicht streng begründet erschien. Bisweilen ist zunächst Separation auf Zeit und erst nach einigen Jahren auf weiteren Antrag die gänzliche Trennung ausgesprochen worden. Uebrigens ist die Scheidung immer durch landesherrliches Rescript an das Fürstliche Konsistorium und darauf von diesem durch förmlichen Bescheid ausgesprochen worden. In dem Gesetze vom 1. September 1868 §. 8 Nr. 8 ist das fragliche Recht ausdrücklich anerkannt: hier ist bestimmt, daß wegen aller Gnadengesuche im Gebiete der Rechtspflege mit Einschluß der Ehetrennungen aus landesherrlicher Machtvollkommenheit die Landesregierung Behufs der landesherrlichen Entschließung Bericht oder durch ihren Vorstand Vortrag zu erstatten hat.

In dem Fürstenthum Reuß jüngerer Linie ist erst im Jahre 1824 eine derartige Ehescheidung vorgekommen; das damalige Konsistorium betrachtete diese landesherrlichen Scheidungen durch die oben (S. 8) bereits hervorgehobene Bestimmung im §. 20 der provisorischen Ordnung des Oberappellationsgerichts zu Jena als legalisirt. In einem Berichte desselben wegen einer gesetzlichen Norm bei Ehescheidungen aus landesherrlicher Machtvollkommenheit heißt es:

„In mehreren teutschen protestantischen Staaten besteht verfassungsmäßig die Einrichtung, daß eine Ehescheidung auch aus landesherrlicher Machtvollkommenheit unmittelbar von den Landesherren nachgesucht und verfügt wird und zwar allgemein nur zu Gunsten von Personen aus den gebildeten Ständen zur Schonung ihrer bürgerlichen Verhältnisse und Vermeidung äußerer Aergernisse. Indem man daher in der Regel solche auch nur auf gemeinschaftliches Ansuchen beyder Ehegatten und aus rechtlichen Gründen bewilligt, hat man die darin liegende Anomalie einer unmittelbaren landesherrlichen Entscheidung in einer eigentlichen Justizsache dadurch zu mildern gesucht, daß solche nur in einer rechtlichen Form, nie ohne vorgängige Gerichtserforderung von den Konsistorien verfügt, auch überdem noch durch eine Abentrichtung erschwert wird, welche entweder als Strafe des Leichtsinns der Ehegatten, oder als ein Dispensationsquantum zu milden Zwecken gefordert wird.

Diese Einrichtung besteht auch in den Großherzoglich und Herzoglich Sächsischen Landen und ist daher ausdrücklich von der Competenz des gesammten Oberappellationsgerichts im §. 20 Nr. 4 der provisorischen Ordnung desselben ausgenommen, durch dieses für Ew. ꝛc. Lande gemeinschaftliche Gesetz aber auch mittelbar für dieselben angenommen und legalisirt, wenngleich bisher noch nicht in Ausübung gebracht worden.

Als daher Ew. des LXXXII. Herrn Hochfürstliche Durchlaucht zum erstenmahl zu Gunsten der Dr. K.'schen Eheleute eine solche Ehescheidung aus landesherrlicher Machtvollkommenheit zu verfügen beschlossen und uns solches durch das Rescript vom 30. August d. J., wovon wir eine Abschrift zu den anliegenden Akten nehmen lassen, eröffneten, so fanden wir für nöthig, uns durch Communicationen De Directorio ad Directorium mit den benachbarten Landes-Collegien soviel möglich über die bey denselben für diese Einrichtung angenommenen Rechtsgrundsätze und Form der Behandlung genau in Kenntniß zu setzen, um für dieses hier neue Verfahren auch eine bestimmte Verfassung zu Ew. ꝛc. Genehmigung in Vortrag bringen zu können, wie solches die Erhaltung der Ordnung und Justizpflege erheischt.

Nach Maßgabe der hierauf an den Unterzeichneten eingegangenen und in dem anliegenden Actenstücke enthaltenen Antworten und gegebenen Aufklärungen von dem Herzoglich S. Gotha-Altenburgischen Präsidenten Freiherrn v. Ende, dem Herzoglich S. Meining'schen Oberlandesgerichts- und Consistorial-Präsidenten v. Türke und dem Großherzoglich S. Weimar'schen Kanzler v. Müller werden nun in den genannten Landen hierüber nachfolgende Grundsätze im Wesentlichen befolgt :

1. Ein einseitiges Gesuch Eines Ehegatten um Ehescheidung aus landesherrlicher Machtvollkommenheit ist völlig unzuläßig und wird als unstatthaft sofort abgewiesen. 2. Ein solches gemeinschaftliches Gesuch von beiden Ehegatten kann aber sowohl auf hinreichende Ehescheidungsgründe gestützt und auch nur in der Hinsicht angebracht werden, daß die förmliche und rechtliche Erörterung und

Nachweisung dieser Gründe aus Schonung für die Ehegatten und zur Vermeidung jedes öffentlichen Anstoßes nachgelassen werden möchte, als selbst in Ermangelung rechtlich ausreichender Ehescheidungsgründe stattfinden, in Fällen, wenn die Erhaltung des Lebensglücks der Ehegatten von einer Trennung derselben abhängt, wenn z. B. die höchste gegenseitige Abneigung und Unverträglichkeit eingetreten ist, ohne sich bis zu Thätlichkeiten oder sonstigen öffentlich gewordenen heftigen Zwistigkeiten ausgedehnt zu haben, oder wenn ein Theil sein gesammtes Vermögen einzubüßen und Beide an den Bettelstab zu gerathen Gefahr laufen. 3. Ein solches Gesuch kann sowohl A. bei dem Landesherrn unmittelbar oder B. beim Consistorio angebracht und zwar hier sowohl gleich als Einleitung der zu beseitigenden Ehedissidien, als im Laufe eines schon begonnenen und anhängigen Ehescheidungsprozesses darum gebeten werden. 4. In jedem Falle muß aber vom Consistorio die Veranlassung zu dem angebrachten Gesuche näher erörtert werden, und wird das Consistorium auf unmittelbares Anbringen beim Landesherrn von demselben dazu und zu demnächstiger gutachtlicher Berichterstattung angewiesen, sowie es außerdem ex officio solche Erörterung und Berichterstattung zu bewirken hat. 5. Das Consistorium hat sodann jedesmal die nachsuchenden Eheleute persönlich vorzuladen, über die Veranlassung der nachgesuchten Ehescheidung genauer zu vernehmen, nochmals eine Versöhnung und gütliche Ausgleichung unter ihnen zu versuchen, in deren Entstehung aber, und soferne es die Sache nun zur beifälligen Berichterstattung geeignet findet, eine eventuelle Auseinandersetzung der Ehegatten rücksichtlich des Vermögens und der Versorgung und Erziehung der Kinder zu vermitteln und hierauf die Sache selbst zu unmittelbarer landesherrlicher Entscheidung berichtlich vorzutragen. 6. Der Landesherr giebt hierauf dem Consistorio seine Entschließung durch ein Rescript zu erkennen und bestimmt darinnen zugleich bei zugestandener Ehescheidung das Dispensationsquantum und die Kasse der milden Stiftung, wohin solches entrichtet werden soll. 7. Das Consistorium macht den Partheyen die landesherrliche Entschließung entweder durch förmlichen Bescheid, wenn sie beifällig, oder durch eine Resolution, wenn sie abschläglich ist, bekannt. — Ew. rc. höchstem Ermessen stellen wir nunmehr ehrerbietigst anheim, ob Höchstdieselben diese dargelegten Grundsätze und Verfahrungsweise auch für Höchstdero Lande zu adoptiren und uns zu deren Befolgung anzuweisen geruhen wollen, da wir zu künftiger Bescheidung der Partheyen und ihrer Sachwalter, sowie zu sicherer Uebung eines gleich durchgehenden gesetzmäßigen Verfahrens hierüber bestimmtere Normen allerdings bedürfen. Sollten Höchstdieselben die vorstehenden Bestimmungen zu genehmigen und zu legalisiren geruhen wollen, so dürfte solches unzielsetzlich förmlich durch ein an das gemeinschaftliche Consistorium zu erlassendes Normal-Rescript am zweckmäßigsten zn bewirken seyn, da hierdurch einerseits die Vollziehung der höchsten Entschließungen hinlänglich gesichert, andererseits aber vermieden wird, durch eine allgemeine gesetzliche Bekanntmachung vielleicht mittelbar zu öfterer versuchter Benutzung einer Einrichtung Veranlassung zu geben, welche ihrer Natur und Zwecke nach eher zu beschränken als zu ausgedehnter Ausübung zu bringen seyn dürfte. Der höchsten Willensmeinung sehen wir allenthalben in der tiefsten Ehrfurcht entgegen, womit wir beharren."

Das hierauf ergangene landesherrliche Normativ-Rescript vom 10. Januar 1825 stimmt im Wesentlichen mit den Anträgen des Konsistoriums überein. Nachdem im Jahre 1863 das Konsistorium in Gera aufgehoben und seine Kompetenz in Ehe- und Verlöbnißsachen auf die Kreisgerichte übergegangen ist, wird in allen Fällen, wo es sich um eine Ehescheidung durch den Landesherrn handelt, Seitens des Fürstlichen Ministeriums ein Bericht des betreffenden Kreisgerichts eingeholt.

Ob das fragliche Institut auch im Fürstenthum Schwarzburg-Sondershausen*) erst in diesem Jahrhundert eingeführt oder älteren Datums ist, hat nicht festgestellt werden können, da die Nachforschungen im Archiv und den Registraturen erfolglos waren. Unter dem 8. Februar 1836 erließ Fürst Günther Friedrich Karl an die beiden Konsistorien in Sondershausen und Arnstadt ein Rescript, worin auf die große Bedeu-

*) Mittheilung des Herrn Konsistorial-Präsidenten Geh.-Rath Bley.

tung der Ehen für Familie und Staat hingewiesen und betont wird, daß jeder wohlwollenden Regierung daran gelegen sein müsse, die Bande, welche für ein ganzes Leben geschlossen würden und nur so sich heilsam bewährten, „nicht vom Leichtsinn vor der Zeit zerrissen zu sehen, der Flatterhaftigkeit nicht Thor und Thür zu öffnen und durch Vorschub an den Unbestand die Achtung vor der Heiligkeit der Ehe, das Gebot der unwandelbaren Treue nicht zu untergraben.“ „Leider (so heißt es weiter) konnte jedoch in dieser Hinsicht von den Behörden bisher nicht immer genug geschehen, weil die schwankenden Satzungen des protestantischen Kirchenrechts über die Gründe und Folgen der verschiedenen Arten der Ehescheidung ein kräftiges und gleichmäßiges Durchgreifen nicht gestatteten. Um dem abzuhelfen, verordne ich, daß Sie nach dem Vorgange anderer Staaten ein desfallsiges Gesetz bearbeiten. . . .“ In Folge dessen wurden mehrere Entwürfe abgefaßt und kam das Gesetz vom 30. August 1845 zu Stande, dessen §§. 43—46 unsere Materie behandeln. Hiernach bleibt es dem Landesherrn zwar vorbehalten, auch aus anderen, als den nach diesem Gesetze zur gerichtlichen Scheidung erforderlichen Gründen eine Ehe zu trennen, jedoch nur auf Ansuchen beider Ehegatten; dieses soll dem betreffenden Konsistorium eingereicht werden, welches, nachdem der Versuch einer Aussöhnung der Eheleute ohne Erfolg geblieben, über die den Antrag veranlassenden Gründe zu berichten hat, worauf dieser entweder zurückgewiesen oder die Scheidung ausgesprochen oder auch nach Befinden vorerst eine temporäre Trennung angeordnet wird. Bei einer Trennung der Ehe aus landesherrlicher Machtvollkommenheit wird stets angenommen, daß beiden Ehegatten eine gleich große Schuld zur Last falle, wonach sowohl wegen der Kindererziehung, als in Betreff der Vermögensauseinandersetzung das Erforderliche veranlaßt werden soll, Falls die Ehegatten in letzterer Beziehung sich nicht bereits geeinigt haben. Diese Bestimmungen sind noch jetzt in Geltung, nur daß an die Stelle des Konsistoriums die Justizabtheilung des Fürstlichen Ministeriums, nach Befinden unter Mitwirkung des Kirchenraths getreten ist.

Auch in Betreff des Herzogthums Anhalt*) sind die Nachforschungen in Betreff der Entstehung und Ausbildung des fraglichen Instituts ohne Erfolg gewesen. Im Jahre 1853 erging eine höchste Resolution dahin, „daß Gesuche um Trennung der Ehe aus landesherrlicher Machtvollkommenheit von Sr. Hoheit dem Herzoge nur dann berücksichtigt werden sollen, wenn kein gesetzlicher Ehescheidungsgrund vorliegt, und auch dann nur selten und in sehr dringenden Fällen, insbesondere, wenn die vorgeschriebenen Mittel zur Aussöhnung und zur friedlichen Fortsetzung der Ehe angewendet sind, und zur Erreichung des Zwecks gar keine Hoffnung mehr vorhanden ist." Die betreffenden Gesuche sind unmittelbar an höchster Stelle anzubringen, worauf das Gutachten des Obergerichts erfordert und auf Grund desselben die Höchste Entscheidung getroffen wird.

Obgleich es nach dem Entwickelungsgange, welchen das landesherrliche Ehescheidungsrecht in anderen deutschen Territorien genommen hat, sehr wahrscheinlich ist, daß dasselbe auch im Herzogthum Braunschweig aus der oberbischöflichen Gewalt hervorgegangen ist, so ist doch der aktenmäßige Nachweis nicht mehr zu führen, da die älteren Konsistorialakten schon vor Jahren zum größten Theile kassirt sind. Ebensowenig ist festzustellen, ob eine Eigenthümlichkeit, welche in der Handhabung dieses Ehescheidungsrechts im Herzogthum Braunschweig seit dem Ende des vorigen Jahrhunderts mit einer kurzen Unterbrechung bis jetzt besteht, auch früher schon in Geltung war.

J. H. Böhmer theilt in seinem Jus eccles. Protest. Tom. IV (Hal. 1731) p. 373 ein Rescript des Herzogs Anton Ulrich an das Konsistorium vom 19. Mai 1707 mit, worin derselbe auf die Frage: „ob in dem Fall, da ein Ehemann oder Ehe-

---

*) Mittheilung des Herrn Konsistorial-Präsidenten Steinkopf.

weib nicht wegen Unkeuschheit, sondern anderer verübten Uebelthaten halber auf ewig relegiret worden, die separatio quoad vinculum statt habe, und dem unschuldigen Theil seiner Gelegenheit nach anderweit sich zu verheyrathen zuzulassen sei?" entschied: „Wenn wir dann in Erwägung der allerseits angeführten rationum, und sowol aus Heil. göttlicher Schrifft, als auch den gemeinen und Kirchen-Rechten genommenen Grunde dahin geschlossen, und aus Hoher Landesfürstlicher Macht und Gewalt hiermit declariert haben wollen, daß in obigem Fall derjenigen Doctorum Meynung, so die affirmativam behaupten, nachgegangen werden solle, so haben Wir auch hiermit solches gnädigst ohnverhalten wollen, und werdet demnach sowol bei den jetzo vorhandenen und zur gerichtlichen Erörterung stehenden, als künftig noch vorkommenden Fällen euch in judicando hiernach also zu achten wissen." Vergl. auch Kayser Diss. inaug. juridica de jure principis evangel. circa divortia (Hal. Magd. 1715) p. 53.

Aus einer älteren Konsistorialakte*) über einen Ehescheidungsfall ergiebt sich Folgendes: Die in diesem Falle auf Grund unüberwindlicher Feindschaft vorgenommene landesherrliche Scheidung erfolgte in der Form, daß zunächst Sr. Durchlaucht auf Berichterstattung des Konsistoriums unter dem 21. März 1797 an dasselbe ein Rescript erließ, in welchem die Trennung der fraglichen Ehe quoad vinculum genehmigt und dem Konsistorium der Auftrag ertheilt wurde, dieserhalb das Erforderliche weiter zu verfügen. Das letztere theilte hierauf den Parteien den Eingang eines höchsten Rescripts mit und lud dieselben zu einem Termine vor, in welchem das Konsistorial-Erkenntniß publicirt wurde. In den Entscheidungsgründen war ausgeführt, wie unter den Parteien unauslöschlicher Haß entstanden sei, und für Recht erkannt, daß, da Serenissimus in dieser Rücksicht dem

*) Ich verdanke die Kenntniß des Folgenden der gefälligen Mittheilung des Herrn Ministerialraths Grotrian zu Braunschweig.

von beiden Theilen übergebenen Gesuche gewillfahrt habe, die zwischen den Parteien bisher bestandene Ehe quoad vinculum zu trennen und beiden eine anderweite Verheirathung zu gestatten sei . . . „Wie Wir dann solchergestalt hiermit trennen und gestatten."

Dieses Verfahren wurde nach Beseitigung der westphälischen Zwischenherrschaft, während welcher die Bestimmungen des Code Napoleon Art. 275 u. ff. in Geltung kamen, wieder hergestellt. Nach der Verfügung der Fürstlichen Regierungs-Kommission vom 3. Februar 1814, das Verfahren der Gerichte betreffend, bedurfte es „des Erwähnens nicht", daß die nach dem Code Napoleon unter gewissen Bedingungen zulässigen Ehescheidungen auf Grund gegenseitiger Einwilligung der Eheleute nicht mehr zulässig seien, indem solche nur „durch richterlichen Ausspruch oder landesherrliche Verfügung auf eine rechtsbeständige Weise geschehen können." Obgleich die Gerichtsbarkeit in Ehesachen durch §. 2 Nr. 2 der Verordnuug vom 15. Januar 1814, die Einführung einer provisorischen Justiz- und Polizei-Verfassung betreffend, vom Konsistorium auf das Landesgericht, und durch das landesherrliche Circular-Rescript vom 12. Februar 1835 in erster Instanz auf die Herzoglichen Kreisgerichte übertragen worden ist, hat die rechtliche Bedeutung des sogenannten landesherrlichen Ehescheidungsrechts bis jetzt keine Veränderung erlitten. Das landesherrliche Rescript, welches nach vorgängigem Bericht des Kreisgerichts die Trennung einer Ehe genehmigt, spricht noch nicht direkt und unmittelbar die Scheidung aus, sondern enthält nur die Ermächtigung und den Auftrag an das Kreisgericht, an welches allein auch das Rescript gerichtet ist, solche genehmigte Scheidung durch Erkenntniß und Publikation vorzunehmen. Es enthält hiernach das landesherrliche Rescript keinen dispositiven Jurisdiktionsakt, es ist vielmehr lediglich ein Internum, welches für die Parteien erst dann wirksam wird, wenn das Gericht den Scheidungsakt formgemäß vornimmt; bevor daher das richterliche Erkenntniß publicirt ist, kann die Ehe als getrennt nicht angesehen werden. Die frühere Rescriptsform war: „Haben Wir in Erwägung der angeführten Umstände Uns bewogen gefunden, die zwischen den Supplikanten bestehende Ehe aus landesfürstlicher Machtvollkommenheit, wie hiermit geschieht, zu scheiden", worauf der Auftrag an das Herzogliche Kreisgericht folgte, den Bittstellern entsprechende Eröffnung zu machen und dieser Ehescheidung durch gerichtliches Erkenntniß in der herkömmlichen Weise urkundliche Form zu geben. Da aber diese Fassung geeignet war, über die rechtliche Bedeutung und Tragweite jenes landesherrlichen Rescripts Zweifel zu erwecken, werden, wie es scheint seit dem Jahre 1865, die betreffenden Rescripte in folgender Form abgefaßt: „Wir u. s. w. finden Uns bewogen, kraft landesherrlicher Machtvollkommenheit zu genehmigen, daß die (fragliche) Ehe dem Bande nach getrennt werde, und ertheilen daher dem Herzoglichen Kreisgerichte hierdurch die Ermächtigung und den Auftrag, solche Ehescheidung auf Grund der gegenwärtigen Entschließung durch gerichtliches Erkenntniß in herkömmlicher Weise auszusprechen." *)

In der mehrfach schon erwähnten von Dedekind herausgegebenen Sammlung Braunschweig'scher Präjudizien sind Th. 1 §. 31 einige für die Auffassung jenes Ehescheidungsrechts in hohem Grade interessante Rescripte und Berichte mitgetheilt. In einem Herzoglichen Rescripte vom 4. März 1839 heißt es (a. a. O. Nr. 458):

„Nachdem wir über die Frage, inwiefern von Seiten eines protestantischen Gerichts oder eines protestantischen Landesherrn die Ehescheidung quoad vinculum in Beziehung auf katholische Unterthanen bei gemischten Ehen mit Rechtsbestande, insbesondere mit der Wirkung der Zulässigkeit einer anderweiten Verheirathung, resp. erkannt und durch landesfürstliche Machtvollkommenheit ausgesprochen werden kann? — die gutachtliche Aeußerung des ge-

---

*) Vergl. Dedekind a. a. O. S. 259—261. 269—272.

meinschaftlichen Oberappellations-Gerichts eingezogen haben, und dieselbe dahin erfolgt ist, daß diese Frage zu bejahen sei, Wir auch nach einer nochmaligen Erwägung mit der Ansicht dieses Gerichtes, aus den von demselben angeführten Gründen, einverstanden sind, so wollen Wir die zwischen dem Maurergesellen Fr. N. (Katholik) und der Joh. St. (Protestantin) quoad vinculum noch bestehende Ehe hiermit gänzlich trennen und dem Ersteren die anderweite Verheirathung hierdurch gestatten. Herzogliches Kreisgericht hat hiernach den Supplikanten zu bescheiden, auch die geschiedene Ehefrau hiervon in Kenntniß zu setzen und die Scheidung durch ein Erkenntniß auszusprechen."

Obgleich die gesperrt gedruckten Worte „protestantischen" unverkennbar auf den Zusammenhang des Ehescheidungsrechts Kraft landesherrlicher Machtvollkommenheit mit der oberbischöflichen Gewalt hinweisen, so zeigt doch die Verfügung selbst, wie sehr dieser Zusammenhang durch territorialistische Vorstellungen getrübt und verwischt worden ist. Ganz besonders tritt dies in einem Seitens des Oberappellations-Gerichts in Wolfenbüttel in einer Ehescheidungssache, bei der beide Ehegatten katholisch waren, am 17. Dezember 1840 erstatteten Berichte hervor (a. a. O. Nr. 460). In demselben heißt es u. A. :

„Es kommt lediglich darauf an : I. ob die Scheidung quoad vinculum und die Gestattung anderweiter Verheirathung, um welche die Supplicanten bitten, von Serenissimo aus landesherrlicher Machtvollkommenheit geschehen und gewährt werden könne? und II. ob das auf eine solche Scheidung gerichtete Gesuch für den beabsichtigten Zweck genügend motivirt sei? Ad I. Die Gründe, aus welchen die erste Frage zu bejahen ist, . . sind folgende : . . In neuerer Zeit haben protestantische Gesetzgeber, Gerichte und Rechtslehrer sich für die Statthaftigkeit des Ausspruchs der gänzlichen Auflösung des Ehebandes bei gemischten Ehen rücksichtlich beider Theile entschieden, indem einem jeden überlassen bleiben müsse, die Anwendung davon nach seinem Glauben und Gewissen zu machen. Diese Ansicht ist ohne Zweifel die richtige, denn die Kirche als eine zu religiösen Zwecken vereinigte, von der Staatsgewalt gebilligte Gesellschaft muß der Staatsgewalt untergeordnet bleiben und befindet sich., mag man von dem Episkopal- oder Territorial-Systeme ausgehen, — welches letztere gegenwärtig in der lutherischen Kirche als ein integrirender Theil des landesfürstlichen Majestätsrechts angenommen ist (Schmitthenner über das Recht des Regenten in kirchlichen Dingen §. 75. 179—191) — in jedem Falle unter dem Oberhoheitsrechte des Landesherrn. Ihre Lehren und Grundsätze dürfen nie dem Staatszwecke entgegenstehen, was doch von dem Grundsatze der Katholiken, daß die Ehe unauflöslich und Wiederverheirathung geschiedener Ehegatten nicht zu gestatten sei, anzunehmen sein möchte. . . . Wie sonach die Kirche der Staatsgewalt untergeordnet bleibt und eine eigene Gerichtsbarkeit ihr nicht zusteht, so ist auch in den Herzoglich Braunschweig'schen Landen die geistliche Gerichtsbarkeit nach dem Aufhören der westphälischen Verfassung nicht wieder hergestellt, dagegen sind die sonst dazu gerechneten Gegenstände den weltlichen Gerichten überwiesen. Die protestantischen Gerichte eines protestantischen Landesherrn haben in Ehe- und Ehescheidungssachen lediglich nach den Gesetzen des Landes und dem gemeinen Rechte zu erkennen, in welchen jener Grundsatz von der Unauflösbarkeit des Ehebandes nicht aufgenommen ist. . . . Ein Ehescheidungsurtheil dieser Gerichte in den Ländern, in welchen die Gesetze die Zulässigkeit der Ehescheidung ohne Rücksicht auf die Konfession der Ehegatten von den Bestimmungen des bürgerlichen Rechts abhängig machen und dem bürgerlichen Richter überlassen, erscheint als eine richterliche Verfügung, wodurch lediglich die bürgerlichen Wirkungen der Ehe aufgehoben werden, wovon jedoch Gebrauch zu machen gegen seine Religionsansichten und Gewissen Niemand genöthigt wird (Eichhorn, Grundſ. des Kirchenrechts Bd. 2 S. 509). . . . Daß im Uebrigen die für die Befugniß protestantischer Gerichte zur Scheidung einer zwischen ihrer Gerichtsbarkeit unterworfenen Unterthanen katholischer Konfession bestehenden Ehe dargelegten Gründe auch genügen müssen, die vom Landesherrn, Namens dessen jene die richterliche Gewalt ausüben, aus landesfürstlicher

Machtvollkommenheit ausgesprochene Scheidung zu rechtfertigen, kann nicht zweifelhaft sein.“*)

In den Herzogthümern Schleswig und Holstein gab es bis zur Einverleibung derselben in die Preußische Monarchie eine Ehescheidung per rescriptum principis. Gesetze, durch welche dieselbe eingeführt oder geregelt worden, sind nicht vorhanden, und nur ganz beiläufig wird dieselbe in einigen Verordnungen erwähnt, so in einem Königlichen Rescript vom 18. August 1779**). Callisen bemerkt in seinem Abriß des Wissenswürdigsten aus den den Prediger und sein Amt in den Herzogthümern Schleswig und Holstein betreffenden Verordnungen (Altona 1834) §. 40, Anm. 66, daß die Ehescheidungen in Fällen, in denen ein gesetzlich anerkannter Ehescheidungsgrund vorliegt, durch die Konsistorien erfolgen, der König aber sich vorbehalte, in einzelnen Fällen bewandten Umständen nach, unmittelbar per modum dispensationis zu scheiden, wo die Konsistorien nach den bestehenden Gesetzen noch nicht scheiden können, z. B. nach einem Rescripte an das Gottorfer Ober-Konsistorium d. d. Copenhagen den 14. Juni 1796, wenn ein Ehegatte wegen begangener Verbrechen zu temporärer Karren- oder Zuchthausstrafe verurtheilt worden, sowie auch in anderen Fällen. Diese, wie die sonstigen Befugnisse des Landesherrn stützen sich auf die Episkopalgewalt. Zur Ergänzung dieser Bemerkungen von Callisen dienen folgende Mittheilungen, welche ich der Güte des Herrn Konsistorial-Präsidenten Mommsen in Kiel verdanke. Ueber die Entstehung des landesherrlichen Ehescheidungsrechts ist aus älteren Akten, welche zum Theil vernichtet sind, nichts mehr zu eruiren. Stemann theilt in seiner Geschichte des Schleswig'schen Rechts,

*) Meine Nachforschungen über die Entstehung und Handhabung des landesherrlichen Ehescheidungsrechts in den beiden Großherzogthümern Mecklenburg sind leider erfolglos geblieben.

**) s. Paulsen, Lehrbuch des Privatrechts d. Herzogth. Schleswig u. Holstein. . . . Kiel 1842 §. 159, Anm. 6 u. 7.

Th. 3, S. 203 eine Urkunde König Friedrich's I. von Dänemark mit vom Jahre 1529, also aus einer Zeit, in welcher die Reformation dort noch nicht durchgeführt und das katholische Eherecht noch in Geltung war. In dieser Urkunde gestattete der König dem in Holstein angesessenen Henneke Seesteden, dessen Frau die Ehe gebrochen und ihn verlassen hatte, unter Bezugnahme auf Gutachten von Luther und Bugenhagen, sich anderweitig zu verheirathen; aus dieser Urkunde darf man zwar nicht darauf schließen, daß damals bereits ein eigentliches Ehescheidungsrecht des Landesherrn anerkannt und üblich gewesen sei, da dieselbe aber an sich interessant und das Stemann'sche Werk nicht Allen zugänglich ist, lasse ich dieselbe hier abdrucken:

„Wy Frederich ꝛc. Bekennen offentlich mit dyßem unsem Breve vor alßewemen: Nachdeme de duchtige und Erbar Henneke Seesteden unse leve getrue Radt und Amptmann thom Kyle sich vast an velen und mennichfoldigen orden, sunderlich by Doctor Martinus Luther in der Universiteten Wittenberch, und by Johanne Buggenhagen deme Pommere itzunder tho Hamborch, sampt velen anderen predicanten und gelerden beradtslaget hefft, ifft he sich nicht wedderumme in den ehelichen standt, dewyle ehme syne vorige Husfrouwe heimlich entsagen und in ehebroke gefallen were, begeven mochte, und desülven gelerden ehme eindrechtichlich dartho geraden hebben dat he sollichs mit guder Conscientz und mit unbeswerden gewethen woll dhoen mochte, darup se denne etliche wolbegrundede Evangelistische geschriffte ingeforet hebben, wo uns denne ere eygene Breve de wy geseen und gelesen klarlich medebringen und vormelden: Dat wy derwegen deme obgemelten Henneken Seesteden up syn flytich ansokent und erforderent na uthgehatter kuntschap, wo sich de Dinge mit syner afgestedene Husfrouwen begeven, sodans tho dhoende gnedichlich nagelaten und darinne unsen Consent, wyllen und fulbordt, so vele des an uns is, gentzlich gegeven hebben. Consenteren, bewylligen und befulborden darinne also jegenwardigen hirmit und in crafft dysses unses Breves, darby wy ene od, angesehen dat sollichs nicht wedder Gott is, stetlich beschütten, handthaven, beschermen und vordegedingen wyllen vor Idermannichlich. Des tho orkunde mit unserm Secret ꝛc."

Anlangend die Ausübung des landesherrlichen Ehescheidungsrechts, so hing es in Ermangelung von rechtlichen Normen ganz vom Ermessen des Landesherrn ab, ob er die Gesuche bewilligen wollte oder nicht. Wie aber die Ehescheidungen in den beiden Herzogthümern überhaupt sehr selten waren, so kamen auch Scheidungen per rescriptum wenigstens bis zum Jahre 1851 nur selten vor, man hielt daran fest, daß solche nur ausnahmsweise zu gestatten seien; sie fanden namentlich dann statt, wenn das Vorhandensein eines gesetzlichen Scheidungsgrundes zwar nicht zur vollen juristischen Gewißheit erhoben, aber doch den Umständen nach nicht füglich bezweifelt werden konnte. In einzelnen Fällen ist auch wohl die Ehe von höher gestellten Personen durch landesherrliches Rescript geschieden worden, um das mit dem Beweise des Scheidungsgrundes verbundene öffentliche Aergerniß zu vermeiden. Vor Bewilligung des Ehescheidungsgesuches wurde ein Bericht des betreffenden (Holsteinischen oder Schleswigschen) Oberkonsistoriums eingeholt; zur Vorbereitung der Sache gehörte ferner, daß der andere Ehegatte oder dessen Kurator über das Gesuch vernommen wurde, erklärte dieser sich gegen die Scheidung, so wurde diese in der Regel versagt. Seit dem Jahre 1851 sind derartige Ehescheidungen im Herzogthum Schleswig häufiger vorgekommen, wahrscheinlich in Folge der Einwirkung des dänischen Rechts, welche sich in dieser Zeit hier in hohem Maße geltend gemacht hat. Im Herzogthum Holstein scheinen die Ehescheidungen per rescriptum überhaupt häufiger vorgekommen zu sein, so sind namentlich hier mehrfach Ehen vornehmer Personen, um öffentliches Aergerniß zu vermeiden, durch den Landesherrn, statt auf gerichtlichem Wege geschieden worden. Im Allgemeinen aber hat man auch hier daran festgehalten, daß die Ehescheidung per rescriptum nur ein Supplement der gerichtlichen Scheidung, mithin in den Fällen zu versagen sei, wo eine gerichtliche Scheidung erlangt werden konnte.

Eine Abweichung von dem im Herzogthum Schleswig geltenden Modus bestand hier darin, daß die Ehescheidungen nicht unmittelbar durch landesherrliches Rescript, sondern auf Grund der landesherrlichen Resolution durch Dekret des Oberkonsistoriums erfolgten. Diese Form zeigte sich bereits in einem Falle aus dem Jahre 1826, in welchem übrigens das Oberkonsistorium in seinem Berichte sich gegen Zulassung der Scheidung ausgesprochen hatte.

Im Königreiche Dänemark*) hat das landesherrliche Ehescheidungsrecht sich in sehr eigenthümlicher Weise entwickelt. In dem dänischen Gesetzbuche des Königs Christian V. vom Jahre 1683 ist das landesherrliche Ehescheidungsrecht noch nicht anerkannt. Nachdem dasselbe aber im Laufe des 18. Jahrhunderts in einzelnen Fällen geübt worden, sind zu Ende des vorigen und am Anfange des gegenwärtigen Jahrhunderts allgemeine Normen über die Ausübung desselben erlassen worden. Hiernach hat sich das Institut in Dänemark so gestaltet, daß die Scheidungen per rescriptum viel häufiger sind, als gerichtliche Scheidungen. Das regelmäßige Verfahren ist folgendes: Wenn Ehegatten eine Trennung ihrer Ehe durch Königliche Resolution wünschen, so bitten sie zunächst um Scheidung von Tisch und Bett, wozu sie einen andern Grund, als den, daß ihre Gemüther nicht übereinstimmen, nicht anzuführen brauchen. Dieser Trennung gehen Versöhnungsversuche vor dem Geistlichen und vor der weltlichen Obrigkeit voraus; sind diese erfolglos und sind die erforderlichen Vereinbarungen über den Aufenthalt der Kinder, über die der Frau vom Manne zu gewährenden Alimente und dergleichen getroffen, so wird die Trennung von Tisch und Bett auf drei Jahre verfügt; beharren die Eheleute nach Ablauf dieser Zeit trotz wiederholter Sühneversuche auf definitiver Scheidung, so erfolgt diese nunmehr durch Verfügung der weltlichen Obrig-

*) Auch diese Notizen verdanke ich dem Herrn Präsidenten Mommsen in Kiel.

keit (in Kopenhagen des Oberpräsidenten, in den übrigen Theilen des Königreichs des Amtmanns) ad mandatum regis. Derartige Scheidungen finden, wie es scheint, in Kopenhagen sehr häufig Statt, das dortige Oberpräsidium hat für die Trennung von Tisch und Bett gedruckte Formulare, in welchen als Grund nur „Nichtübereinstimmung der Gemüther" angeführt wird. Protestirt einer der Ehegatten gegen die Scheidung, so geht die Sache an den Justizminister, und in diesem Falle ist allerdings die Trennung von Tisch und Bett und die darauf folgende Scheidung des Ehebandes schwerer zu erlangen. Außerdem aber kann der Justizminister ohne vorhergegangene Trennung von Tisch und Bett eine Ehe ad mandatum regis scheiden, wenn ein Ehegatte wegen eines Verbrechens zu einer Korrektionshaus- oder härteren Freiheitsstrafe von drei Jahren oder mehr verurtheilt worden ist und der andere Ehegatte sich keiner Theilnahme an dem Verbrechen schuldig gemacht hat, und wegen unheilbaren Wahnsinns des einen Ehegatten. Liegen aber solche Fälle nicht vor, so kann eine Ehe ohne voraufgehende Trennung von Tisch und Bett nur unmittelbar durch den König geschieden werden. Durch eine Scheidung per rescriptum principis an sich erlangen übrigens die Ehegatten noch nicht das Recht zur Eingehung einer neuen Ehe, wofür es vielmehr einer besonderen ausdrücklichen Bewilligung bedarf, welche aber auf Ansuchen in dem Scheidungsrescript ertheilt werden kann. Ist eine Trennung von Tisch und Bett voraufgegangen, wird die Wiederverheirathung nur dann gestattet, wenn der betreffende Ehegatte durch ein Zeugniß seines Seelsorgers nachweist, daß er während der temporären Trennung von Tisch und Bett einen unanstößigen Lebenswandel geführt hat.*)

In Schweden ist das landesherrliche Recht der Ehescheidung erst durch ein Gesetz vom 27. April 1810 eingeführt wor-

*) Vergl. auch Scheel, Person- og Familie-Ret. II. S. 298ff.

den.*) In diesem ist verordnet, daß die Gerichte außer den im Tit. 1 c. 13 des allgemeinen Gesetzbuches vom Jahre 1734/36 erwähnten Fällen (Ehebruch und bösliche Verlassung) auch auf Anhalten des einen Theils, auf Scheidung der Ehe erkennen können, wenn der andere Ehegatte entweder zum Gefängniß auf Lebenszeit oder zur Landesverweisung verurtheilt ist, oder wenn derselbe überführt wird, Lebensnachstellungen gegen den andern Ehegatten gehegt oder schon veranstaltet zu haben, oder endlich, wenn der eine Ehegatte in wirklichen Wahnsinn verfallen ist und diese Gemüthskrankheit volle drei Jahre lang angehalten hat und nach ärztlichen Zeugnissen keine Hoffnung zur Wiederherstellung ist.

„Außer in diesen den Gerichten zur Abmachung überlassenen Fällen kann auch die Ehescheidung bei Uns beantragt werden, wenn sich anderweitige Anleitungen dazu ergeben, nämlich, wenn der eine Ehegatte zum Verluste des Lebens oder der Ehre schuldig erkannt und Königliche Begnadigung gefunden hat, ferner, wenn der eine Ehegatte eines anderweitigen groben oder wirklich verunehrenden Verbrechens überführt oder zu Festungsstrafe auf gewisse Jahre verurtheilt wird, ebenso, wenn ein Theil sich einem verschwenderischen Leben, der Trunksucht und einer gewaltsamen Sinnesart überlassen hat, und endlich, wenn in Gemüths- und Denkungsart beider Ehegatten sich eine solche gegenseitige Feindseligkeit offenbart, welche, indem sie bei jeder Gelegenheit zum Ausbruch kommt, endlich in Abscheu und Haß übergeht. In diesen Fällen muß das unterthänige Gesuch um Unsere gnädige Erlaubniß zur Scheidung bei Unserer Justiz-Revisions-Expedition eingegeben werden."

Ueber derartige Gesuche wird stets der andere Ehegatte vernommen, Bericht vom Seelsorger und vom Konsistorium erfordert und die Sache dann dem höchsten Gerichte zur Begutachtung übergeben, worauf der König im Staatsrathe resolvirt. Der-

*) Vergl. Ziemßen, Ueber Ehe und Ehescheidung nach schwedischem Rechte, Greifswald 1841. S. 55 ff.

gleichen Ehescheidungen haben daher ihre Schwierigkeiten und sind selten. Der Scheidungsbrief wird auf Grund der landesherrlichen Resolution vom Konsistorium ausgefertigt, was übrigens auch dann geschieht, wenn die Ehe durch die weltlichen Gerichte geschieden wird.

Prüfung der rechtlichen Natur des landesherrlichen Ehescheidungsrechts.

Wenn nun nach den bisherigen Ausführungen wohl nicht bezweifelt werden kann, daß das landesherrliche Scheidungsrecht ursprünglich auf der sogenannten oberbischöflichen Gewalt beruht, so fragt sich nunmehr, ob dasselbe als Ausfluß der Dispensationsgewalt oder der Gerichtsbarkeit aufzufassen sei.

Bis in die neuere Zeit war die erstere Ansicht in Theorie und Praxis vorherrschend. Richter bezeichnete das Institut bis zur 4. Ausgabe seines Lehrbuchs des Kirchenrechts als landesherrliches Dispensationsrecht, in der 5. Auflage aber, sowie in der Schrift: Beiträge zur Geschichte des Ehescheidungsrechts in der evangelischen Kirche (Berlin 1858) S. 77 u. ff. hat derselbe diese Bezeichnung vermieden und vielmehr stets von Ehescheidungsrecht gesprochen, ebenso Dove in den neueren Ausgaben des Richter'schen Lehrbuchs, sowie in dem Artikel: Scheidungsrecht in der Herzog'schen Encyklopädie Bd. 13, S. 491, und Hinschius in seiner Schrift: Das Reichsgesetz für die Beurkundung des Personenstandes und die Eheschließung vom 6. Februar 1875, Aufl. 2. Berlin 1876 S. 199. Auch die unten erwähnten Ausführungsverordnungen von S. Weimar, S. Meiningen, S. Coburg-Gotha, Schwarzburg-Sondershausen und Reuß älterer Linie zum Reichsgesetz vom 6. Februar 1875 sprechen durchweg von „Scheidung aus landesherrlicher Machtvollkommenheit."

In der That erscheint mir die Bezeichnung des fraglichen Aktes als Dispensation unhaltbar. Diese schließt die Anwendung eines Gesetzes für einen einzelnen Fall aus, sie hat daher wesentlich einen negativen Charakter; die landesherrliche Scheidung dagegen negirt nicht allein die Unterordnung des vorliegenden Falls unter die gesetzliche Vorschrift, sondern sie greift positiv ein in ein bestehendes Rechtsverhältniß. Der Landesherr trennt anstatt des Ehegerichts, welchem die Kognition über Ehescheidungssachen zusteht, eine Ehe, nicht aber, wie das Gericht, nach Maßgabe der gesetzlichen Bestimmungen, sondern aus Gnade und nach eigenem Ermessen. Man hat die Ansicht aufgestellt, die Scheidung aus landesherrlicher Machtvollkommenheit enthalte eine Dispensation in zweifacher Hinsicht, vom materiellen Rechte, sofern sie statt aus bestimmten und streng rechtlichen Gründen und Umständen eine Scheidung auf Uebereinkunft gewähre, und in formeller Hinsicht, indem sie von Feststellung ausreichender Gründe im Prozeßwege befreie; ich kann dieser Auffassung nicht beitreten, denn ein derartiges Dispensationsrecht würde den betreffenden Eheleuten doch nur in sofern etwa förderlich sein, als sie nunmehr ohne Weiteres ihre Ehe von sich aus auflösen könnten, nicht aber würde daraus die Befugniß des Landesherrn abgeleitet werden dürfen, das Scheidungsurtheil selbst und unmittelbar auszusprechen.

Ebenso wenig vermag ich die Scheidung aus landesherrlicher Machtvollkommenheit als einen Ausfluß der oberbischöflichen Privilegiengewalt anzuerkennen, denn die evangelische Kirche hatte bis zum Jahre 1875 kein Recht der Gesetzgebung im Gebiete des Eherechts, welches durchweg von der bürgerlichen Gesetzgebung normirt war, und in gleicher Weise konnte der summus episcopus ein Recht der Privilegien-Ertheilung als ein besonderes Reservatrecht mit bürgerlicher Wirkung nicht in Anspruch nehmen. Abgesehen hiervon aber schließt nach meiner Ueberzeugung der kirchliche und kirchenamtliche Charakter des landesherrlichen Kirchenregiments die Befugniß aus, Kraft eines Privilegiums Ehen in Fällen zu lösen, in welchen die evangelisch-kirchliche Auffassung die Zulässigkeit einer Scheidung zu allen Zeiten für durchaus unstatthaft gehalten hat.

Im Gegensatze zu jenen Ansichten erscheint hiernach die Auffassung der landesherrlichen Scheidung als ein Akt der geistlichen Jurisdiktion als die allein haltbare, und mit derselben stimmt auch der geschichtliche Entwicklungsgang des Instituts überein.

Bereits oben ist nachgewiesen worden, daß das landesherrliche Ehescheidungsrecht ursprünglich als Ausfluß der im Summepiskopat enthaltenen geistlichen Gerichtsbarkeit aufgefaßt wurde, als die Bethätigung einer höheren über der der Konsistorien auszuübenden Jurisdiktion. Diese trat ein sowohl wenn von beiden Ehegatten, als wenn nur von einem der Antrag auf eine solche Scheidung gestellt wurde, und daß auch im letzteren Falle vielfach Scheidungen aus landesherrlicher Machtvollkommenheit Statt gefunden haben, unterliegt keinem Zweifel.*) Wenn man später derartige Akte der Landesherren als Dispensationen bezeichnete, so mag dieß wohl theilweise auch auf dem Bestreben beruht haben, einen innerlich und rechtlich unhaltbaren Anspruch unter jenem Namen plausibel und unverfänglich erscheinen zu lassen.

In einem Immediatbericht des Fürstlich Reußischen Konsistoriums zu Gera vom 6. November 1824 wegen einer gesetzlichen Norm bei Ehescheidungen aus landesherrlicher Machtvoll-

*) Runde, Beiträge zur Erläuterung rechtl. Gegenstände. Göttingen 1799. Bd. 1, S. 475 ff., Falck, Handb. des Schleswig-Holstein'schen Privatrechts, Bd. 4, S. 488 ff., Hauber, Recht u. Brauch d. evangel. luther. Kirche in Würtemberg, Th. 2, S. 29, Magazin für Hannöv. Recht, Bd. 2, S. 170.

kommenheit, heißt es u. A.: „Indem man daher solche Ehescheidungen in der Regel auch nur auf gemeinschaftliches Ansuchen beyder Ehegatten und aus rechtlichen Gründen bewilligt, hat man die darin liegende Anomalie einer unmittelbaren landesherrlichen Entscheidung in einer eigentlichen Justizsache dadurch zu mildern gesucht u. s. w."

In einem mit Höchster Zustimmung erlassenen Rescript des Herzoglich Braunschweig'schen Obergerichts zu Wolfenbüttel vom 19. Dezember 1865 heißt es: „Die landesherrlichen Ehescheidungs-Rescripte trugen hierbei augenscheinlich den Charakter einer lex specialis an sich, und waren von den Konsistorien in dieser Eigenschaft der von ihnen abzugebenden Entscheidung zum Grunde zu legen, so daß die ihrer Natur nach stets als Jurisdiktionsakt zu betrachtende Ehescheidung selbst nur von den Konsistorien als Ehegerichten vorgenommen werden konnte und vorgenommen wurde." *)

In der That lag in einer solchen Entscheidung die Ausübung einer Kabinetsjustiz, welche auch auf dem Gebiete der geistlichen Gerichtsbarkeit als unstatthaft erscheinen mußte, je mehr die Nothwendigkeit einer selbstständigen und vom Einflusse des Landesherrn unabhängigen Rechtspflege im Bereiche der bürgerlichen Rechtsordnung in das allgemeine Bewußtsein eingetreten war. Daß die Landesherren kein Bedenken trugen, Ehen per decretum zu trennen, welche unter den gegebenen Verhältnissen nach der evangelisch-kirchlichen Ansicht jener Zeit als unauflöslich, d. h. durch richterliches Urtheil nicht trennbar waren, erklärt sich daraus, daß der kirchlich-amtliche Charakter des Summepiskopats sehr bald abgeschwächt wurde, und die territorialistische Strömung eine Beschränkung des Kirchenregiments durch kirchliche und konfessionelle Rücksichten nicht gestattete.

*) Dedekind a. a. O. S. 260.

Man hat die Ansicht ausgesprochen, daß die Ehescheidung durch landesherrliches Dekret den Grundsätzen der evangelischen Kirche keineswegs widerspreche, da diese eine Unauflöslichkeit der Ehe nicht anerkenne; es könnten solche Verhältnisse vorliegen, unter welchen die Ehe zwar dem Gesetze nach von den Gerichten nicht getrennt werden dürfte, aber dennoch im öffentlichen Interesse zur Vermeidung von Mord und Todschlag, Ehebruch und sonstigem Unheil durchaus die Scheidung der Ehe geboten erscheine, damit sie nicht den Charakter einer lebenslänglichen, unerträglichen Strafe behalte.*) Hierauf kann ich nur erwiedern, daß in solchem Falle nach meiner Ueberzeugung das erforderliche Korrektiv nicht in einer, wenn gleich noch so wohl gemeinten, Kabinetsjustiz, sondern in einer verfassungsmäßigen Aenderung der bestehenden Gesetzgebung über die Ehescheidungsgründe zu suchen sein würde.

Immerhin aber blieb der Zusammenhang des landesherrlichen Ehescheidungsrechts mit dem landesherrlichen Kirchenregiment äußerlich in allen den Ländern gewahrt, in welchen die Konsistorien die Gerichtsbarkeit in Ehesachen besaßen, und dieser Zusammenhang zeigte sich namentlich darin, daß die Entscheidung der Landesherren erfolgte auf Grund vorgängiger Berichte der obersten Kirchenbehörde.

Im Großherzogthum Hessen ist seit dem Jahre 1803 die Gerichtsbarkeit in Ehesachen von den Konsistorien auf die bürgerlichen Gerichte übergegangen und seitdem in gleicher Weise jeder formelle Anhalt und Rechtfertigungsgrund für den Fortbestand des landesherrlichen Ehescheidungsrechts fortgefallen. Seitdem erfolgen hier die vorgängigen Berichte durch das Justizministerium. Weder die evangelische Kirche, noch die Organe des evangelischen Kirchenregiments bis zum Landesherrn hinauf besitzen seitdem in Hessen noch eine geistliche Jurisdiktion, und

*) Vergl. Evangelische Blätter, Jahrg. XIII. Nr. 43 (Mainz 1876).

dasselbe ist in allen den Staaten der Fall, in welchen die Ehegerichtsbarkeit auf die weltlichen Gerichte übergegangen ist. Aus dem Umstande, daß die rechtliche Gültigkeit der Ehe bisher gebunden war an die kirchliche Trauung, konnte man nicht mehr einen Anspruch der Kirche oder doch des summus episcopus folgern, überhaupt oder doch in besonders dringenden Fällen noch einen maßgebenden Einfluß auf die Entscheidung der Ehetrennungsfrage auszuüben, denn die Nothwendigkeit der kirchlichen Trauung war durch die bürgerliche Rechtsordnung festgestellt, welche zugleich bestimmte, was ja auch früher die Regel war, daß eine Ehe nur durch richterliches Urtheil, nunmehr der bürgerlichen Gerichte, getrennt werden könne. Wenn früher durch eine auf unklaren Vorstellungen beruhende Ueberschätzung des Umfangs und der Tragweite der sogenannten oberbischöflichen Gewalt des Landesherrn Ausnahmen von jener Regel unter gewissen Voraussetzungen als zulässig angesehen wurden, so konnte nunmehr von der Statthaftigkeit derartiger Ausnahmen auch nicht mit einem Scheine des Rechts mehr die Rede sein.

Daß aber auch in denjenigen Staaten, in welchen die Konsistorien ihre Kompetenz als Ehegerichte behalten haben, eine Ausübung des Ehescheidungsrechts Kraft landesherrlicher Machtvollkommenheit als unstatthaft angesehen werden muß, habe ich oben bereits dargethan. Selbst die mildere Form der Anwendung jenes Ehescheidungsrechts, von welcher ich früher einige Beispiele beigebracht habe*) und welche im Herzogthum Braunschweig bis

---

*) In einem Responsum J. H. Böhmers (abgedruckt in dessen Consultat. et Decis. T. III. P. 1 Hal. 1748. Resp. 108) ist die Frage „ob bewandten Umständen nach solche Ehescheidung nicht auctoritate principis, so das jus episcopale hat, außerordentlich geschehen könne?“ bejahet und zur Begründung u. A. bemerkt, daß „im Mangel besonderer Gesetze der Landes-Herr seinem geistlichen Gerichte keine größere Gewalt mitgetheilet, als welche denen üblichen principiis derer Protestanten gemäß ist; dahingegen einem Landes-Herrn vi episcopalis juris hierinnen eine weit größere Befugniß billig zuzueignen ist, Kraft welcher derselbe nach

jetzt stets und ausschließlich in Geltung ist, wonach der Landesherr nicht unmittelbar die Ehetrennung dekretirt, sondern auf das betreffende Gesuch an das Konsistorium oder das bürgerliche Gericht zustimmend resolvirt, und auf Grund dessen dieses die Ehescheidung ausspricht, erscheint mir in hohem Grade bedenklich, und die Auffassung jener Resolution als Dispensation unstatthaft, da es sich hier nicht um eine Nichtanwendung eines gegebenen Rechtssatzes auf einen einzelnen Fall handelt, sondern um die Aufstellung einer positiven Norm, welche statt des geltenden Rechts für den vorliegenden Fall maßgebend sein soll.

Die Braunschweig'sche Gerichtspraxis faßt das landesherrliche Rescript, wodurch die Ehescheidung gestattet wird, bald als Dispensation von dem Rechtssatze, daß Uebereinstimmung der Ehegatten kein Scheidungsgrund sei*), bald als eine lex

befundenen Umständen und Beschaffenheit seines Landes und Unterthauen mehrere und neue causas divortii, als bisher üblich und allein hinlänglich geachtet worden, determiniren und sogar seinem consistorio per modum legis vorschreiben kann, darnach hinkünftig dergleichen dissolution legitime vorzunehmen." In G. L. Böhmers auserlesenen Rechtsfällen (Göttingen 1799) Bd. 1, Abth. 1, S. 217 ff. ist ein Urtheil abgedruckt, in welchem es heißt: „Demnach erkennen wir . . . : daß daferne Implorant und Imploratin vor hochfürstlichem Consistorio oder einer von diesem angeordneten Commission, auf vorher nochmahls versuchten gütlichen Vergleich, sich wiederholentlich erklären, daß sie in dem gefaßten Vorhaben, die unter ihnen geschlossene eheliche Verbindung aufzuheben beharren, und Se. Hochfürstliche Durchlaucht kraft landesherrlicher und oberbischöflicher Macht zu solcher völligen Trennung der Ehe die höchste Einwilligung und Dispensation zu ertheilen gesonnen sind, die zwischen Imploranten und Imploraten geschlossene Ehe vorkommenden Umständen nach völlig wieder aufzuheben und beyde Theile der ehelichen Pflichten gegen einander wieder zu entledigen und zu entbinden und der zu solchem Behuf im Monath August 1779 entworfene Vergleich unter ihnen zu vollziehen und obrigkeitlich zu bestätigen." In den Entscheidungsgründen ist wiederholt auf das Recht des evangelischen Landesherrn „kraft habender obersten Kirchenwalt" in einzelnen Fällen eine Ehescheidung mittelst Dispensation zu autorisiren hingewiesen.

*) Dedekind a. a. O. Nr. 436. 446. 448. 450. 452. 454.

specialis auf, welche zwar nur unter den Parteien ein Recht begründe, aber Gesetzeskraft habe, und wie jedes andere Gesetz für die richterliche Entscheidung in vorliegendem Falle maßgebend sei.*) Nach meiner Ansicht kann man hier von einer Dispensation nicht sprechen; es handelt sich gar nicht darum, zu genehmigen, daß die Ehegatten schon auf Grund gegenseitigen Einverständnisses ihre Ehe trennen, und gewissermaßen unter Autorität des Landesherrn einen darauf abzielenden Vergleich abschließen dürften. Das Rescript dispensirt die Eheleute nicht von der Beobachtung einer gesetzlichen Vorschrift, sondern dekretirt, daß die fragliche Ehe, welche dem Gesetze nach durch die Gerichte nicht geschieden werden durfte, zu scheiden sei, es stellt mithin Scheidungsgründe auf, welche über die gesetzlichen Bestimmungen hinausgehen; eine wesentliche Bedingung für die Gewährung eines solchen Rescripts ist aber unter der Voraussetzung, „daß erhebliche, wenngleich zur gerichtlichen Scheidung nicht genügende Ursachen vorliegen und daß die Bittsteller der landesherrlichen Gnade nicht unwürdig sind", Einverständniß der Ehegatten in Betreff des Gesuchs, da eine derartige Scheidung einem Ehegatten nicht gegen seinen Willen aufgedrungen werden kann und soll. Das Entscheidende und Prinzipale sind die erheblichen Gründe „des allgemeinen Wohls und Interesses" **) und die Würdigkeit der Ehegatten, in zweiter Linie erst kommt die Einwilligung der letzteren in Betracht. Erscheinen hiernach die Braunschweiger Rescripte dieser Art in der That als leges speciales, so vermag ich der Ansicht, daß diese für die Gerichte Gesetzeskraft hätten und bei den Scheidungsurtheilen zu Grunde gelegt werden müßten, nicht beizutreten, denn diese Spezialverfügungen enthalten Abänderungen der bürgerlichen Rechtsordnung, welche nur auf dem durch die Verfassung vom 12. October 1832

---

*) Dedekind a. a. O. S. 260. 276.

**) Dedekind a. a. O. Nr. 448.

§. 98. 3. vorgeschriebenen Wege eintreten können, da sie nicht in den Bereich des durch §. 101 sanktionirten Verordnungsrechts fallen.

Wenn nach Allem diesen alle Ehescheidungen Kraft landesherrlicher Machtvollkommenheit überhaupt nicht als rechtlich statthaft angesehen werden können, so fragt es sich endlich, ob dieses Ehescheidungsrecht in denjenigen Staaten, in welchen es bis jetzt ausgeübt worden war, nicht jedenfalls durch das Reichsgesetz über die Beurkundung des Personenstandes und die Eheschließung vom 6. Februar 1875 als beseitigt gelten müsse?"

Das gedachte Reichsgesetz hat die Auseinandersetzung zwischen Staat und Kirche rücksichtlich des bürgerlichen Eherechts vollzogen und den Einfluß kirchlicher Organe und konfessioneller Anschauungen auf dasselbe aufgehoben. Schon áus diesem allgemeinen Charakter und Standpunkt des Gesetzes ergiebt sich, daß von einer maßgebenden Autorität und einer irgendwie eingreifenden Wirksamkeit der evangelischen Landesherrn als summi episcopi der evangelischen Landeskirche im Gebiete der bürgerlichen Eherechts-Ordnung keine Rede mehr sein kann. Außerdem aber spricht der zweite Satz des §. 76 ganz ausdrücklich aus:

„Eine geistliche oder eine durch die Zugehörigkeit zu einem Glaubensbekenntniß bedingte Gerichtsbarkeit findet nicht statt."

Abgesehen hiervon enthält der erste Satz desselben §. 76 eine Bestimmung, der gegenüber ein Scheidungsrecht Kraft landesherrlicher Machtvollkommenheit nicht mehr bestehen kann:

„In streitigen Ehe- und Verlöbnißsachen sind die bürgerlichen Gerichte ausschließlich zuständig."

Man könnte zwar einwenden, daß durch die Zuweisung der streitigen Ehesachen an die bürgerlichen Gerichte das Scheidungsrecht des Landesherrn nicht ausgeschlossen sei, welches nur im Falle des Einverständnisses beider Ehegatten in Frage komme. Allein den streitigen Ehesachen stehen diejenigen gegenüber, welche von dem freien Willen und Ermessen der

Betheiligten abhängen, wie z. B. die Eingehung der Ehe; streitige Ehesachen sind überhaupt Justizsachen, welche durch die Gerichte zu entscheiden sind, und zu diesen gehören alle Ehescheidungssachen.*) Eine Trennung der Ehe kann nie der Privatwillkühr der Ehegatten überlassen werden, die Würde und Bedeutung der Ehe erheischt, daß die Scheidung derselben nur nach Maßgabe des Gesetzes durch das unpartheiische Gericht erfolge. Aus diesem Grunde gehören auch die von beiden Ehegatten gestellten Scheidungsgesuche zu den streitigen, d. h. durch die Gerichte ausschließlich zu entscheidenden Ehesachen.**)

Man hat sich ferner berufen auf §. 36 des gedachten Reichsgesetzes, welcher lautet:

> „Hinsichtlich der rechtlichen Folgen einer gegen die Bestimmungen der §§. 28 bis 35 geschlossenen Ehe sind die Vorschriften des Landesrechts maßgebend",

sowie auf den hier allegirten §. 34:

> „Niemand darf eine neue Ehe schließen, bevor seine frühere Ehe aufgelöst, für ungültig oder für nichtig erklärt ist",

und behauptet, indem jener §. 36 zwar nur die Folgen einer gegen jene Verbote abgeschlossenen Ehe nach dem bestehenden Landesrechte beurtheilt wissen wolle, habe er doch zugleich die Gründe, aus welchen geschieden werden dürfe und die erforderliche Prozedur ebenfalls dem Landesrechte überlassen, der §. 34 sage nicht, daß künftig eine Eheauflösung nur von den bürgerlichen Gerichten durch Urtheil ausgesprochen werden dürfe, er überlasse vielmehr diese Frage dem bestehenden Landesrechte. Ich halte diese Interpretation der angeführten §§. für gänzlich verfehlt: Das Reichsgesetz hat einen Theil des materiellen Eherechts, z. B. die rechtliche Qualifikation der einzelnen Ehehindernisse als trennender oder aufschiebender, öffentlicher oder Privat-Ehehindernisse, die Feststellung der Wirkungen einer mit

*) Vergl. auch oben S. 40. 41.

**) Vergl. Hinschius a. a. O. S. 200, Anm. 76.

Nichtbeachtung der Vorschriften dieses Gesetzes abgeschlossenen Ehe in vermögensrechtlicher Beziehung (§. 36), die Ehescheidungsgründe (§. 77), nicht einheitlich für das ganze Reich maßgebend normirt, sondern dafür die fortdauernde Gültigkeit des Landesrechts sanctionirt, der §. 34 sagt freilich nicht, daß künftig eine Scheidung nur durch das bürgerliche Gericht ausgesprochen werden dürfe, er überläßt aber ebenso wenig diese Frage dem Landesrechte, dieselbe ist vielmehr durch den oben bereits besprochenen §. 76 in ganz anderer Weise, nämlich dahin beantwortet, daß alle streitigen Ehesachen, und dahin gehören die Ehescheidungssachen ohne Ausnahme, ausschließlich durch die bürgerlichen Gerichte entschieden werden sollen.

Man wendet zwar ein*), daß eine Gnadensache niemals streitige Justizsache sei; ich möchte den Satz geradezu umkehren: eine Justizsache sollte nie als Gnadensache behandelt werden. Der Umstand, daß bis jetzt Landesherren, obschon in bester Absicht, ein Ehescheidungsrecht in Anspruch genommen und, freilich in immer seltener gewordenen Fällen, ausgeübt haben, entzieht diesen Fällen nicht die Bedeutung von Justizsachen. Weder die geschichtliche Entwickelung, noch die Natur der Sache gewährt irgend einen Anhalt zur Rechtfertigung eines Instituts, dessen problematischer Charakter selbst Seitens des Landesherrn und der sie berathenden Behörden unverkennbar dadurch anerkannt und zugestanden wird, daß von dem betreffenden Rechte fast überall nur in außerordentlich seltenen Fällen Gebrauch gemacht wird.

Es ist ferner die Ansicht ausgesprochen worden**), daß man ein seit Jahrhunderten ausgeübtes Recht der Regenten nicht so ohne Weiteres habe wegeskamotiren können, daß im Reichstage Niemand daran gedacht habe und daß man jedenfalls die Landesherren erst hätte befragen müssen, ob sie auf diesen Ausfluß

*) Evangel. Blätter a. a. O.

**) A. a. O.

der Gnade verzichten wollten. Der §. 76 des Reichsgesetzes betrachtet zunächst als selbstverständlich, daß die streitigen Ehesachen vor die Gerichte gehören, und bestimmt auf Grund der angestrebten Auseinandersetzung zwischen Staat und Kirche die nunmehrige ausschließliche Zuständigkeit der bürgerlichen Gerichte. Es ist bereits oben nachgewiesen worden, daß sowohl aus allgemeinen principiellen Gründen, als vom Standpunkt des landesherrlichen Kirchenregiments aus Ehescheidungen durch landesherrliches Dekret nicht als gerechtfertigt angesehen werden können. Das Reichsgesetz setzt korrekte Zustände voraus; möglich ist es, daß vielen Mitgliedern des Reichstages von einem landesherrlichen Ehescheidungsrechte nichts bekannt war (in Preußen besteht ein solches schon längst nicht mehr), oder daß die rechtliche Bedeutung und Tragweite desselben nicht mit völliger Klarheit gewürdigt wurde, jedenfalls hatten die Landesherren im Bundesrathe hinreichende Gelegenheit, Falls sie an jener mittelalterlichen Reminiscenz glaubten noch immer festhalten zu dürfen, ihre Auffassung geltend zu machen. Ob und in wieweit dieß geschehen, ist nicht bekannt geworden, wohl aber ist in den Ausführungsverordnungen zu jenem Reichsgesetz von S. Weimar, S. Meiningen, S. Coburg-Gotha, Schwarzburg-Sondershausen und Reuß ältere Linie*) der Fortbestand des Ehescheidungsrechts Kraft landesherrlicher Machtvollkommenheit ausdrücklich ausgesprochen, wogegen von den übrigen deutschen Regierungen ein ähnlicher Vorbehalt nicht gemacht worden ist. Es scheint mir in hohem Grade wünschenswerth, daß dieses „Scheidungsrecht“, welches, wie ich gezeigt zu haben glaube, in keiner Beziehung zu rechtfertigen ist, nunmehr allgemein aufgehoben werde.

*) S. Hinschius a. a. O. S. 342, 359, 360, 366, 367, 384, 391, 397, 468.

Druck von Wilhelm Keller in Gießen.

FSC
www.fsc.org
MIX
Papier | Fördert
gute Waldnutzung
FSC® C083411

Kolibri 360 GmbH
Ferdinand-Jühlke-Straße 7
99095 Erfurt, Deutschland
produktsicherheit@kolibri360.de